Chiquita publishing

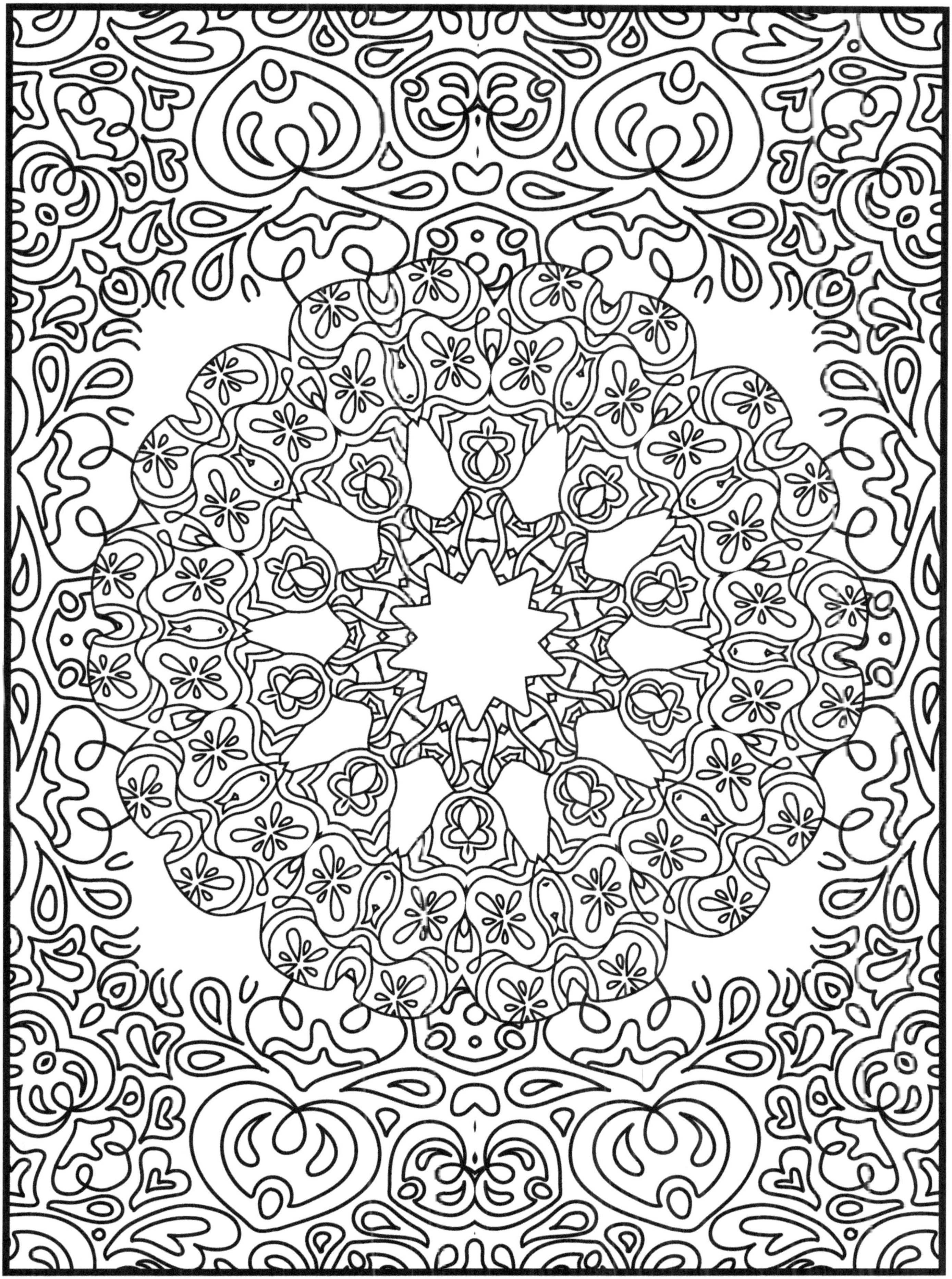

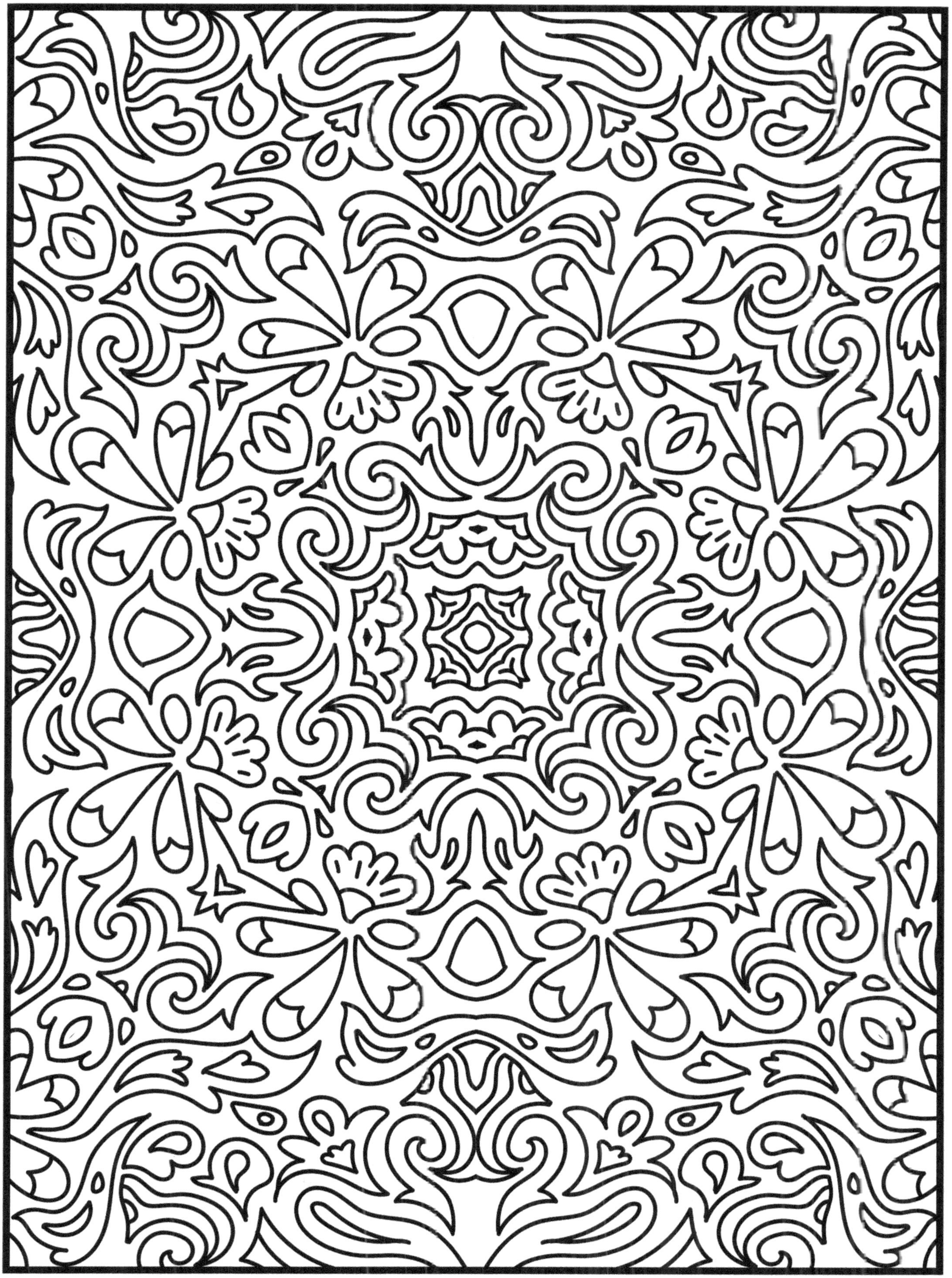

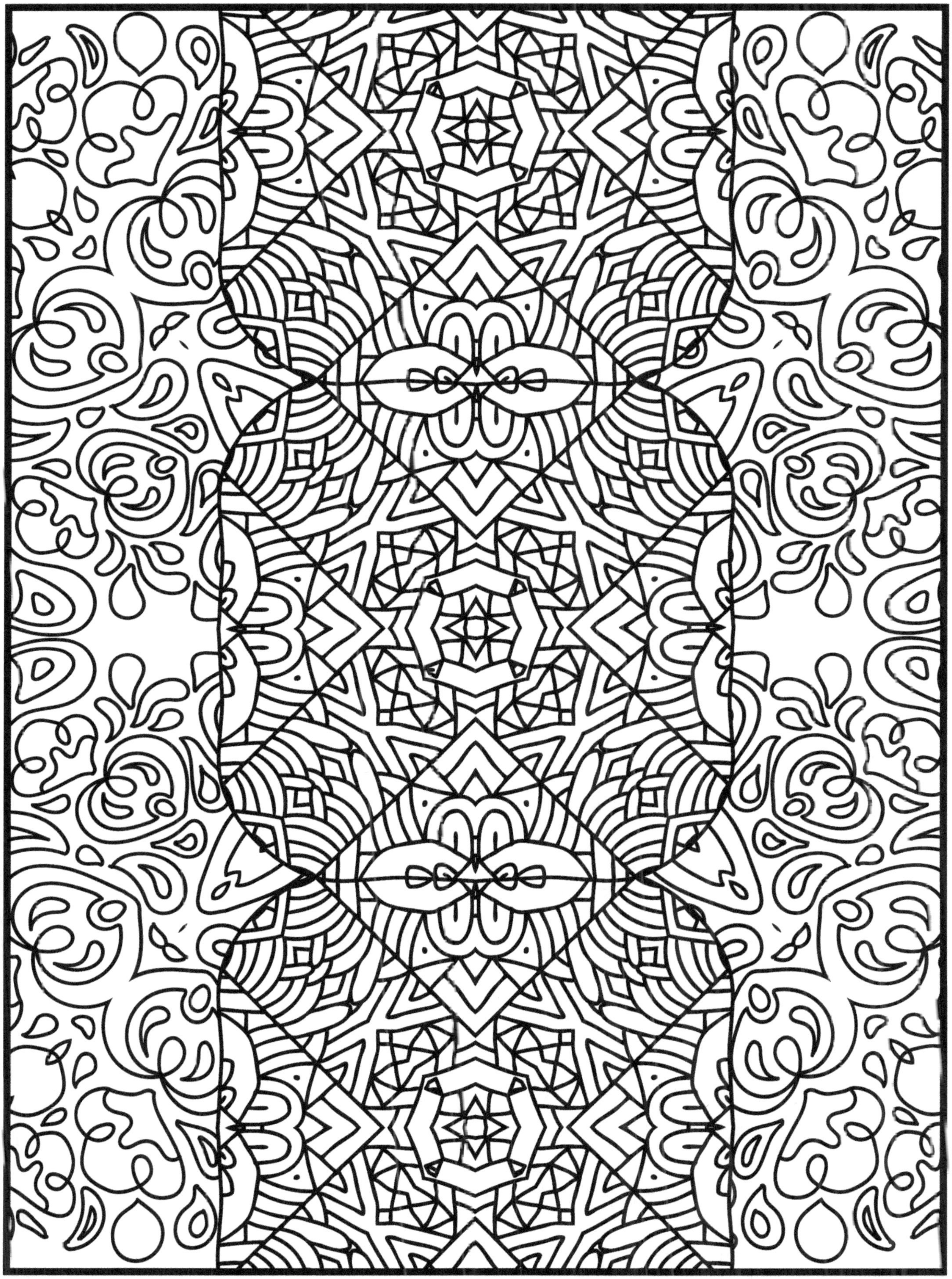

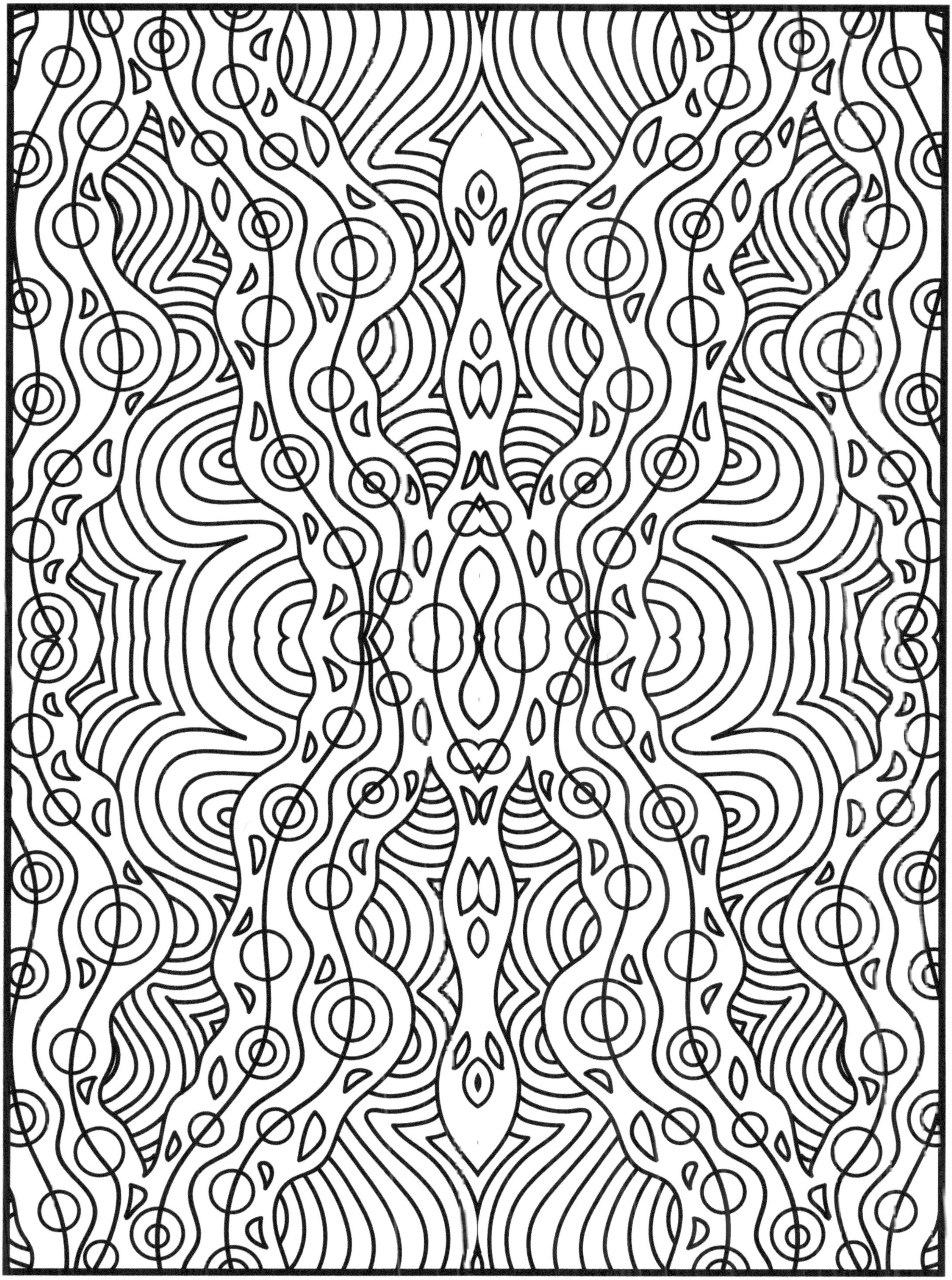

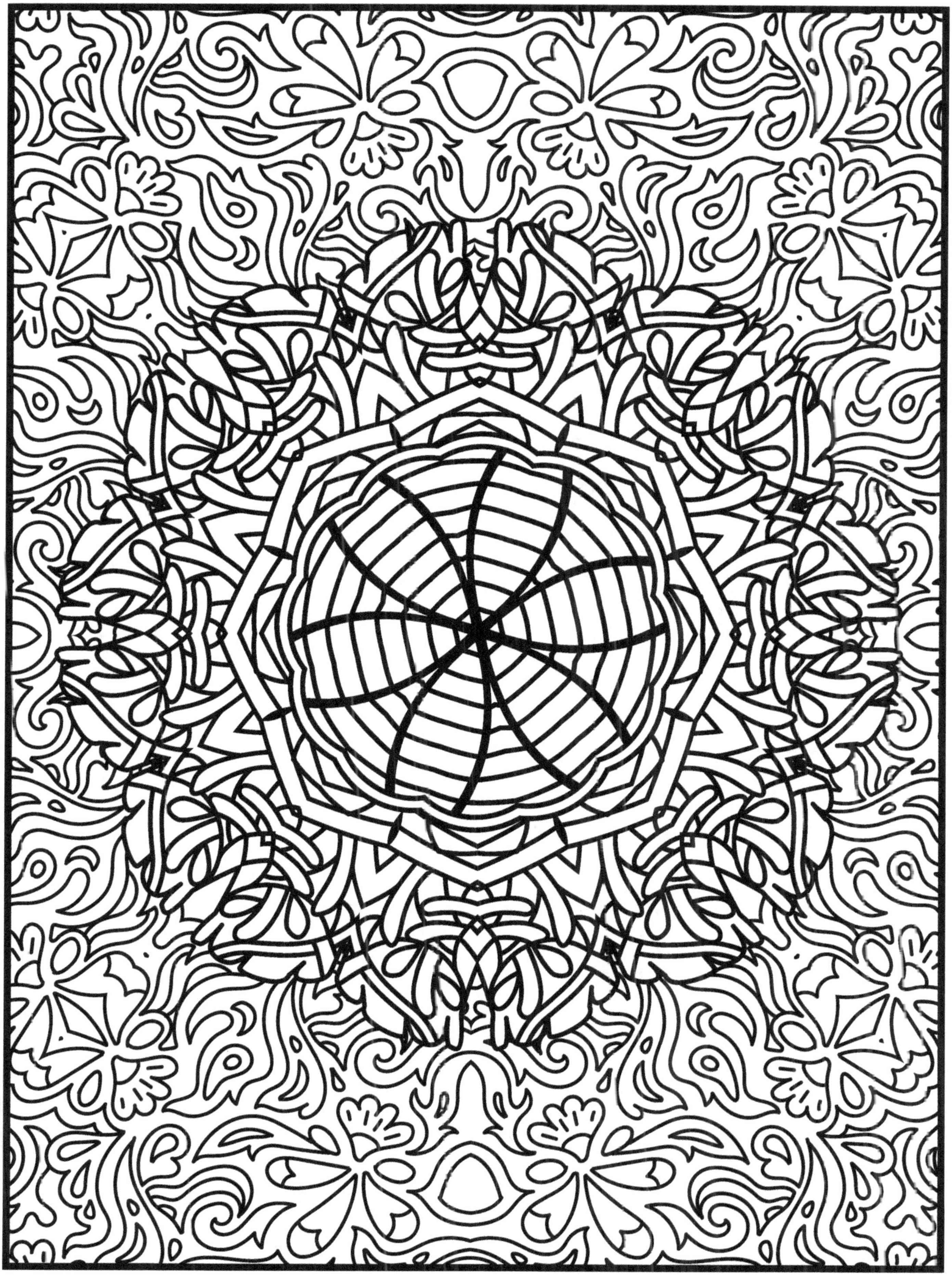

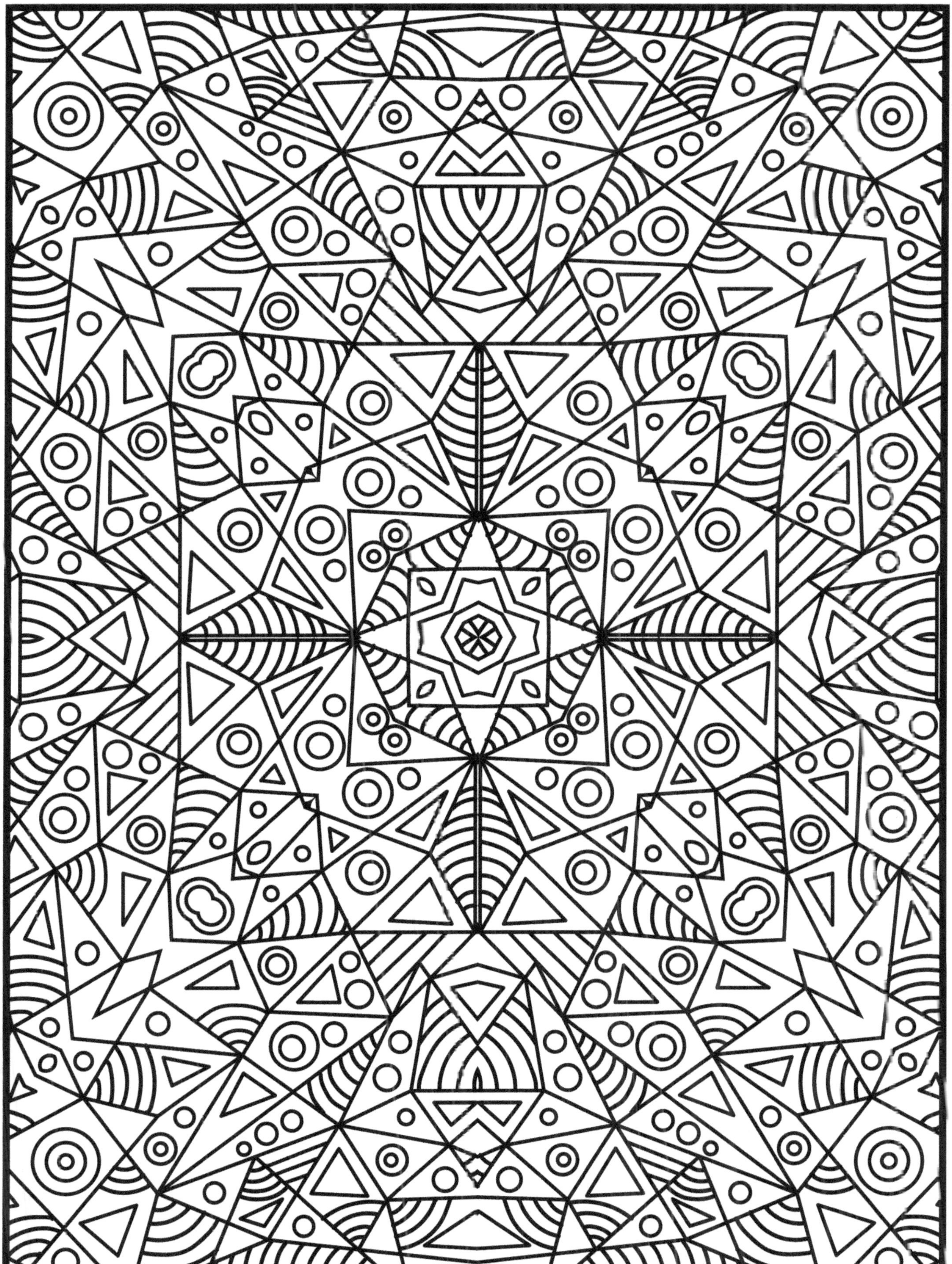

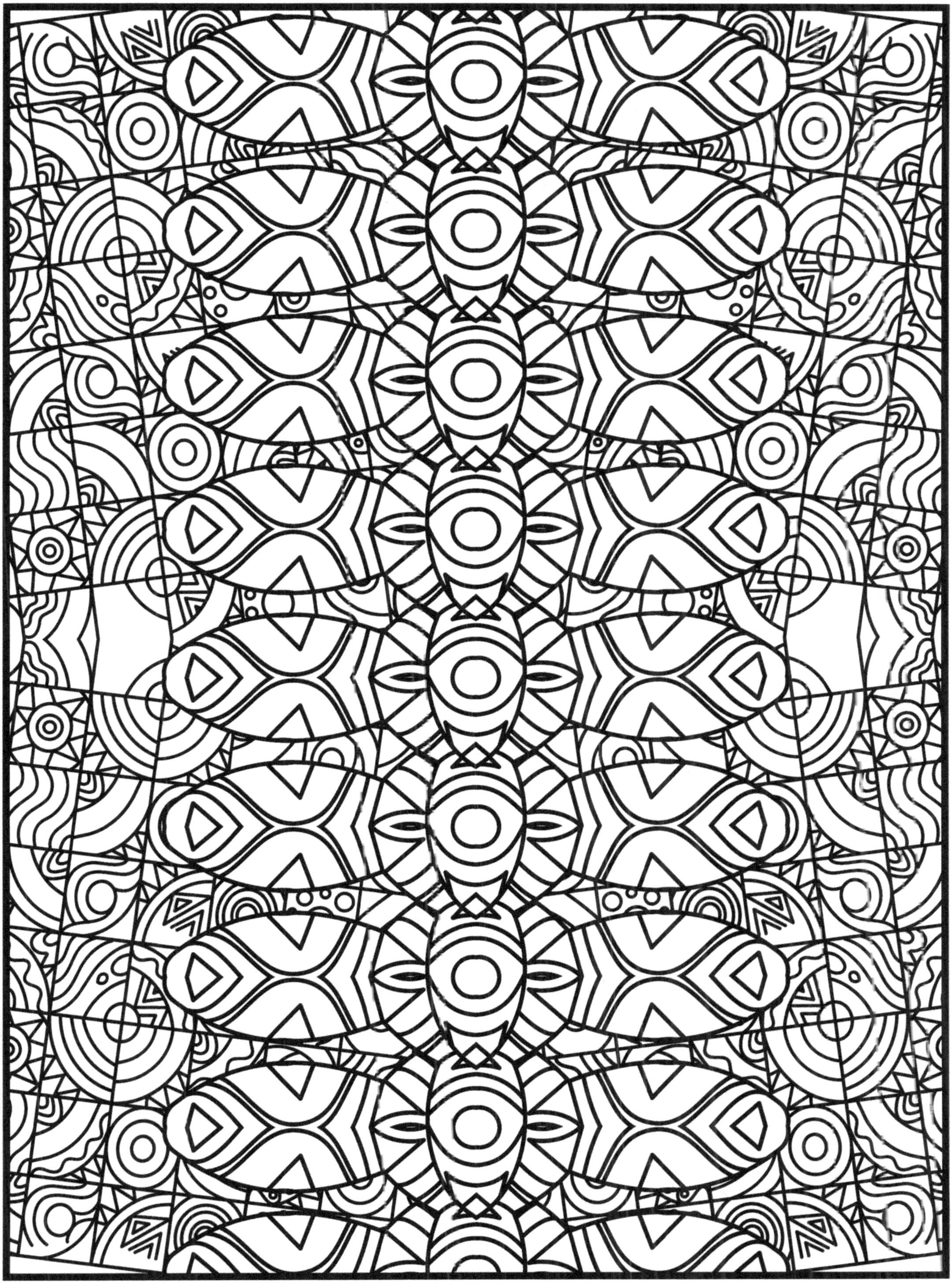

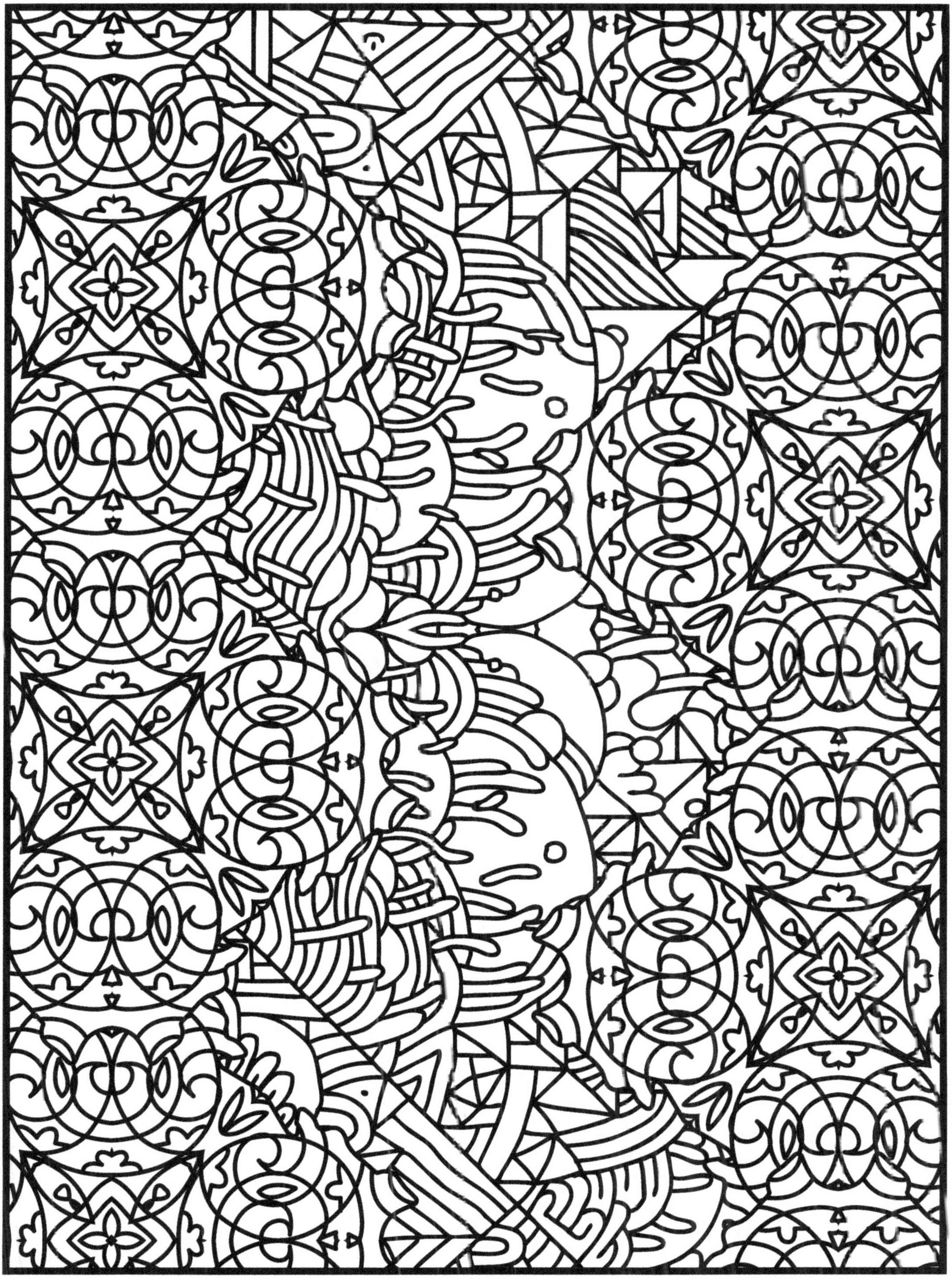

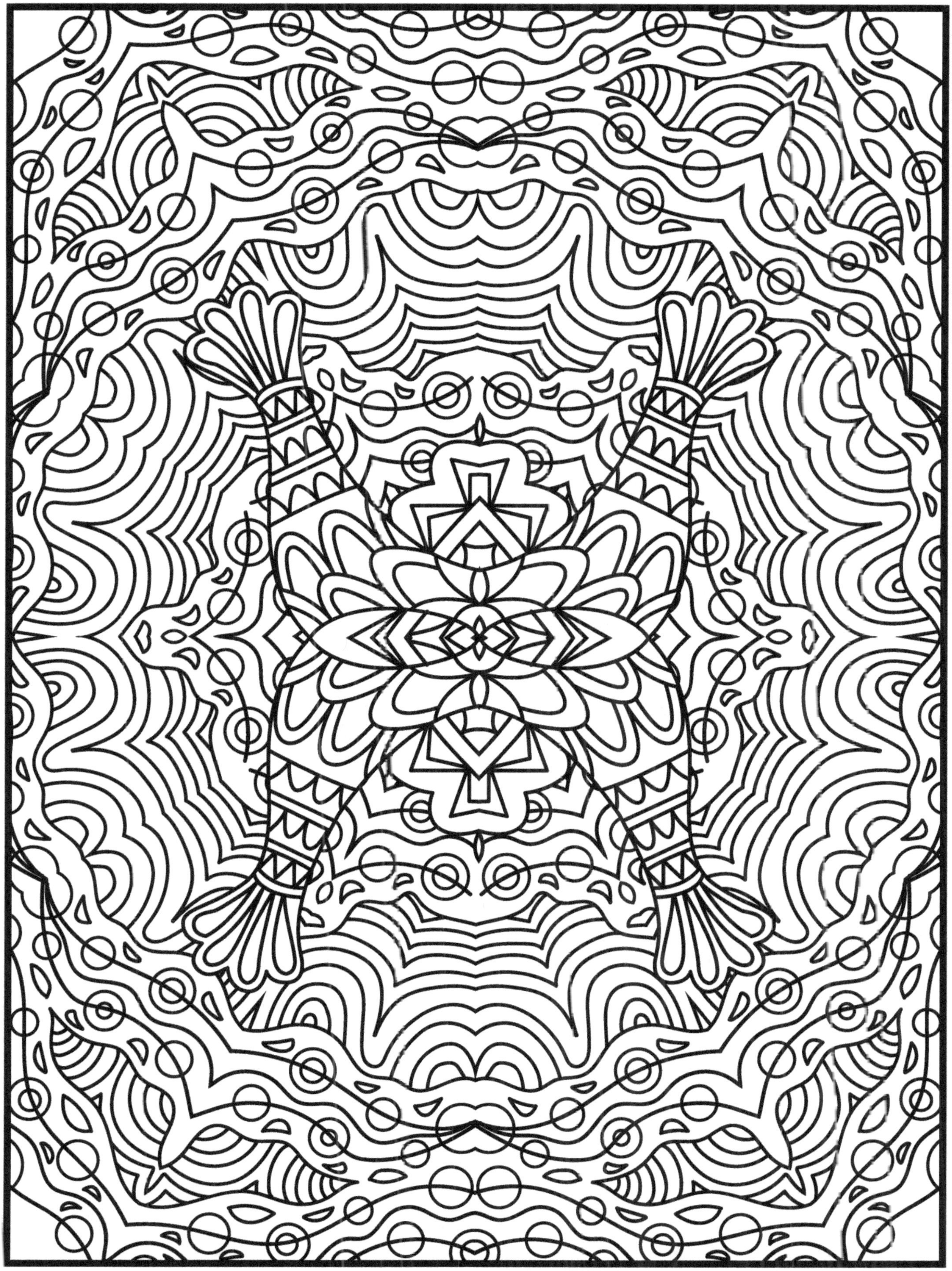

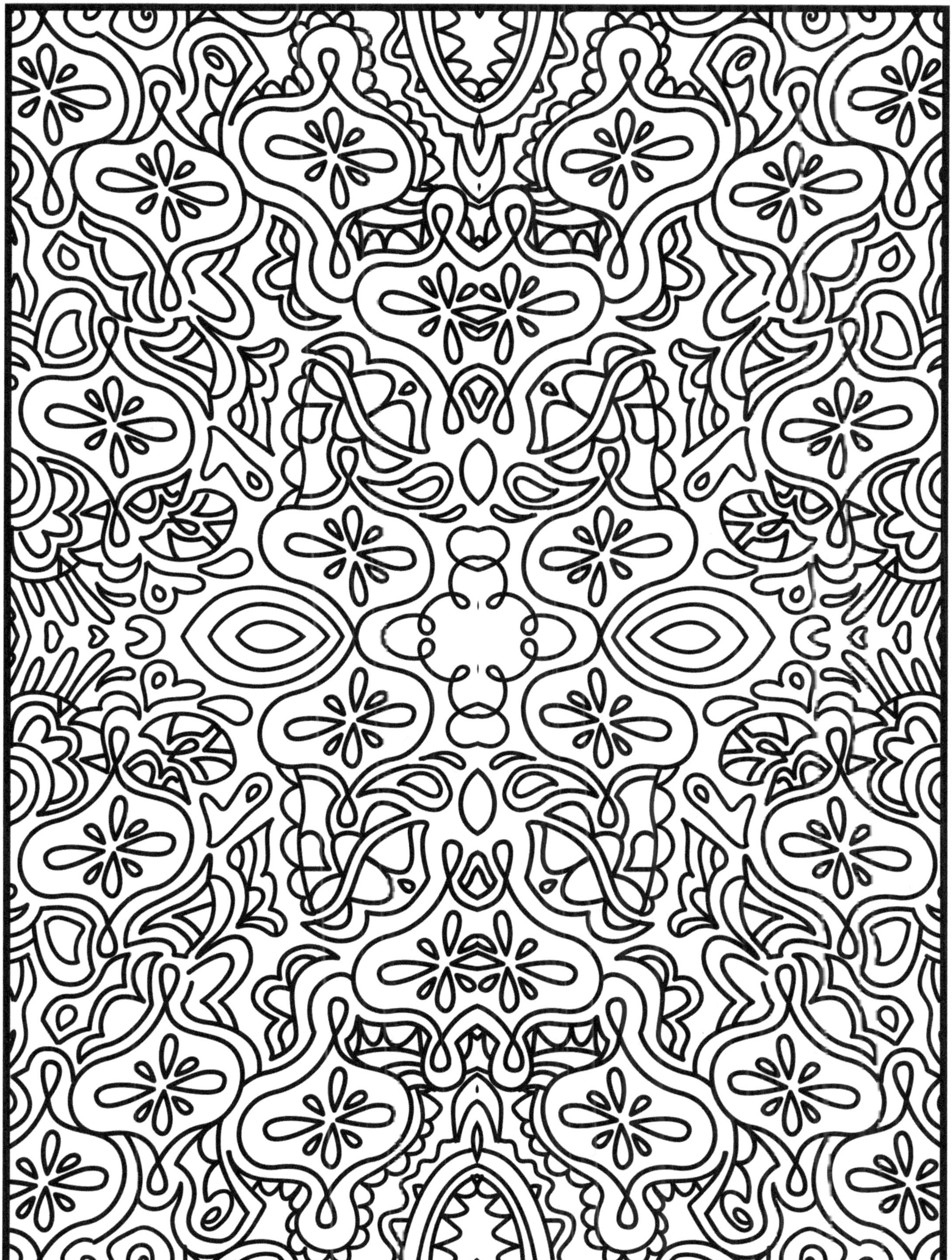

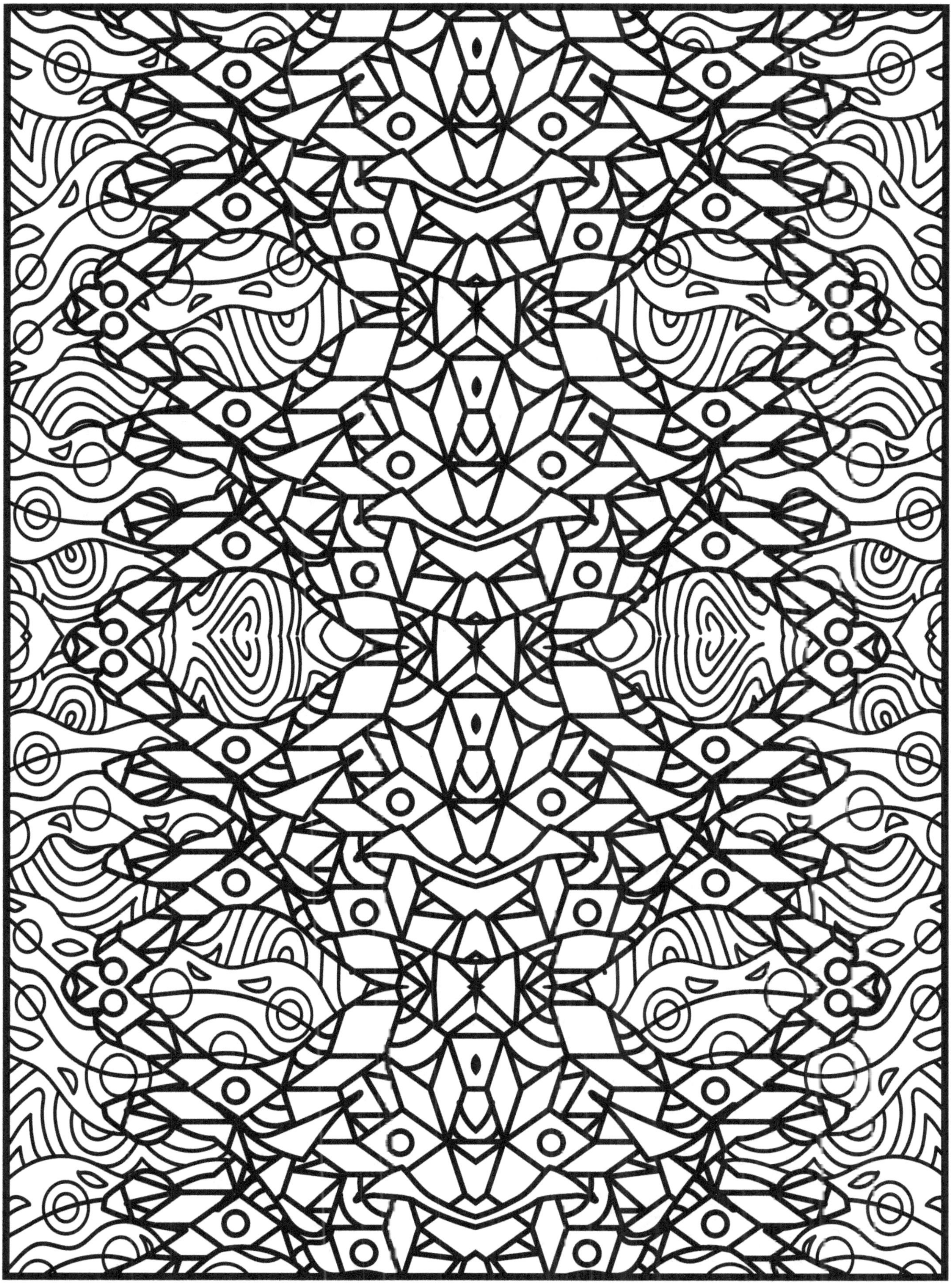

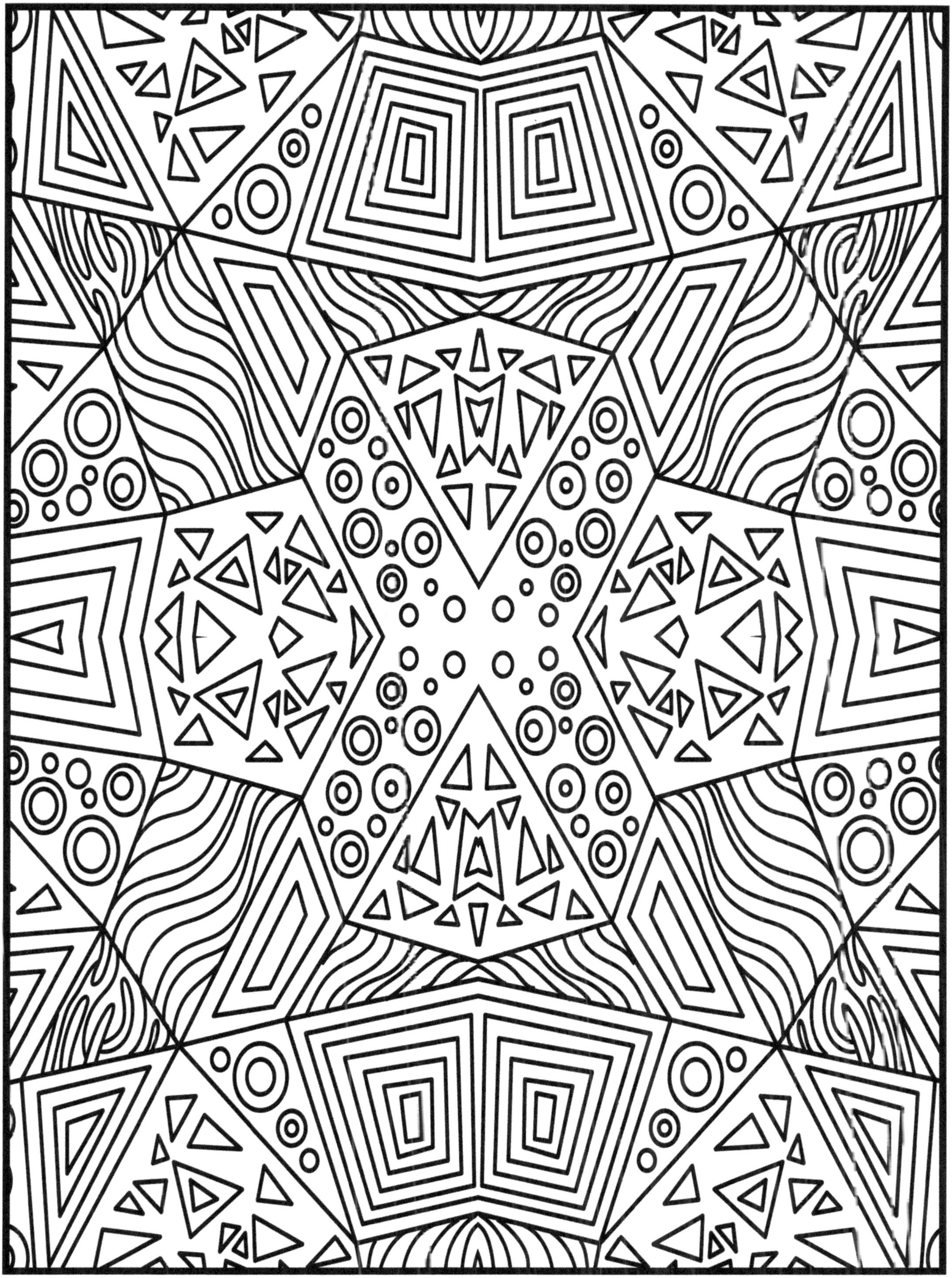

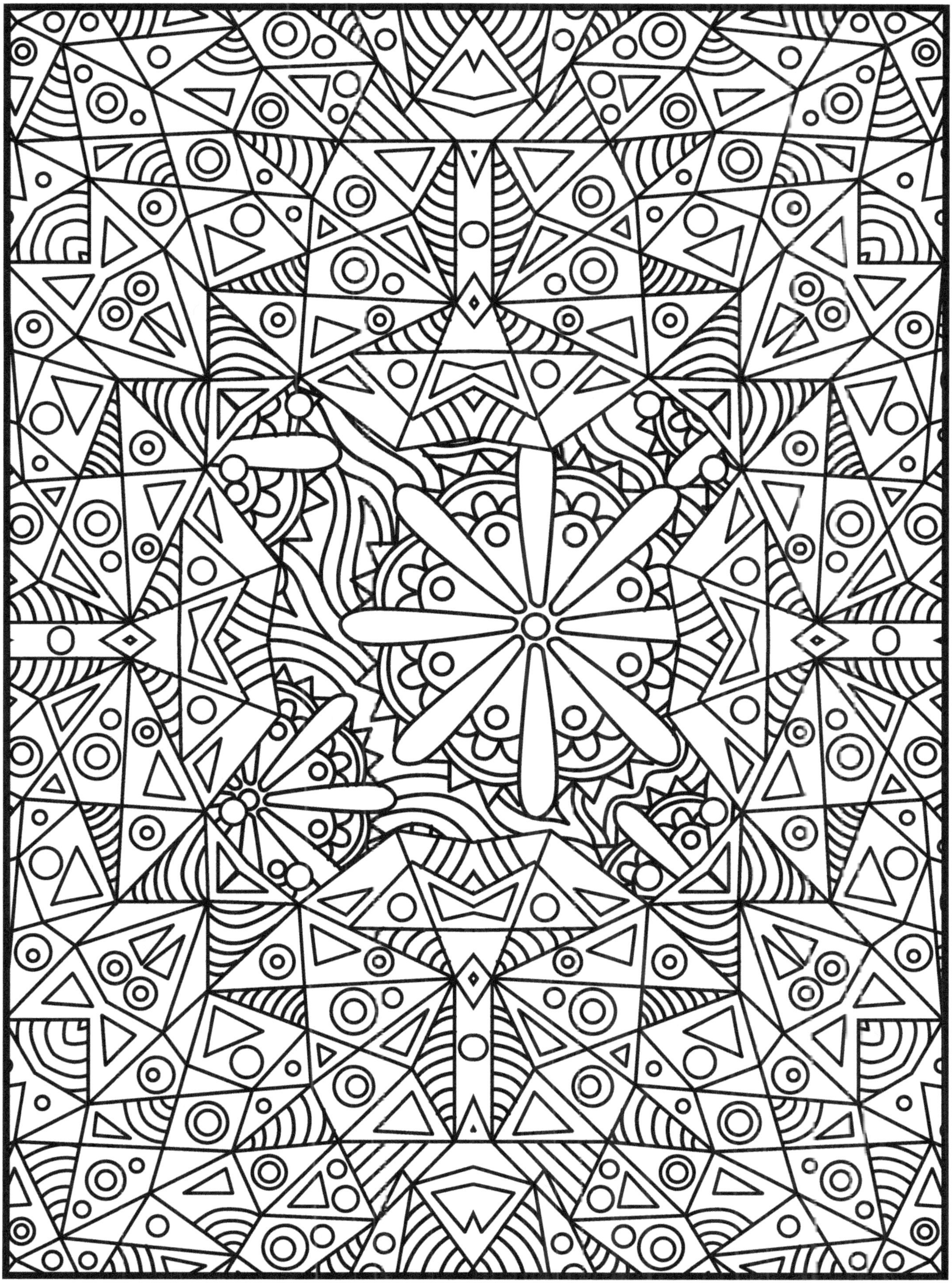

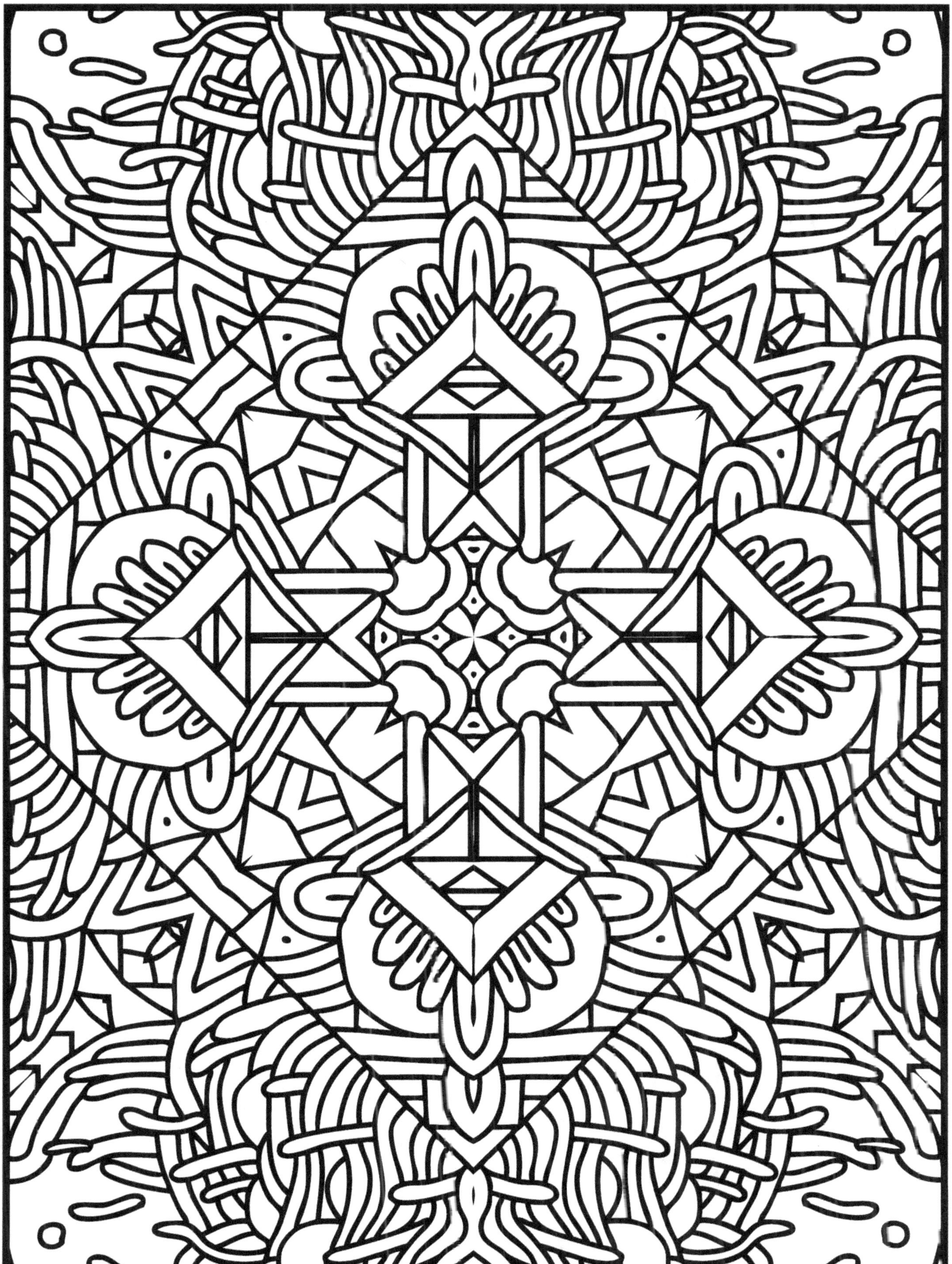

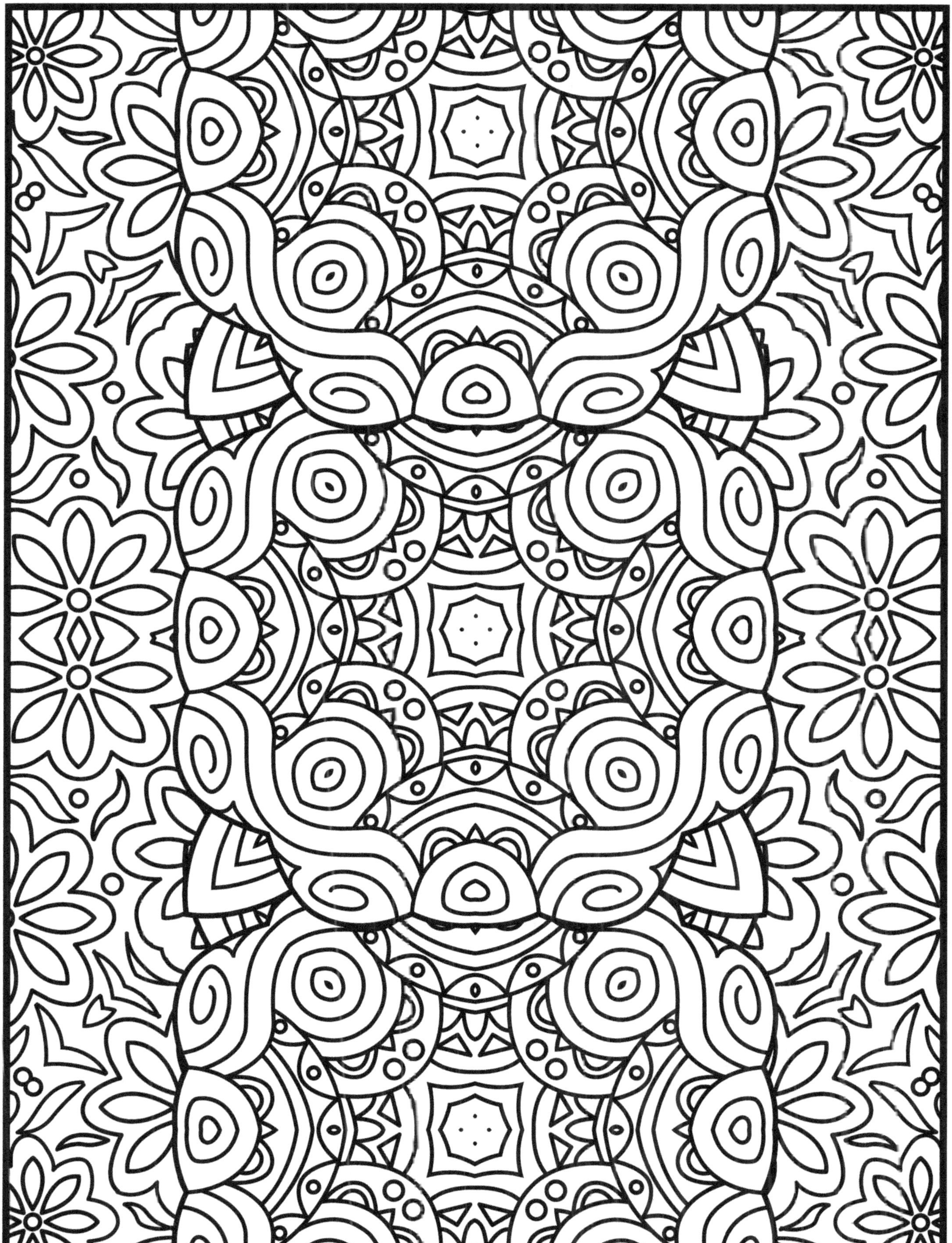

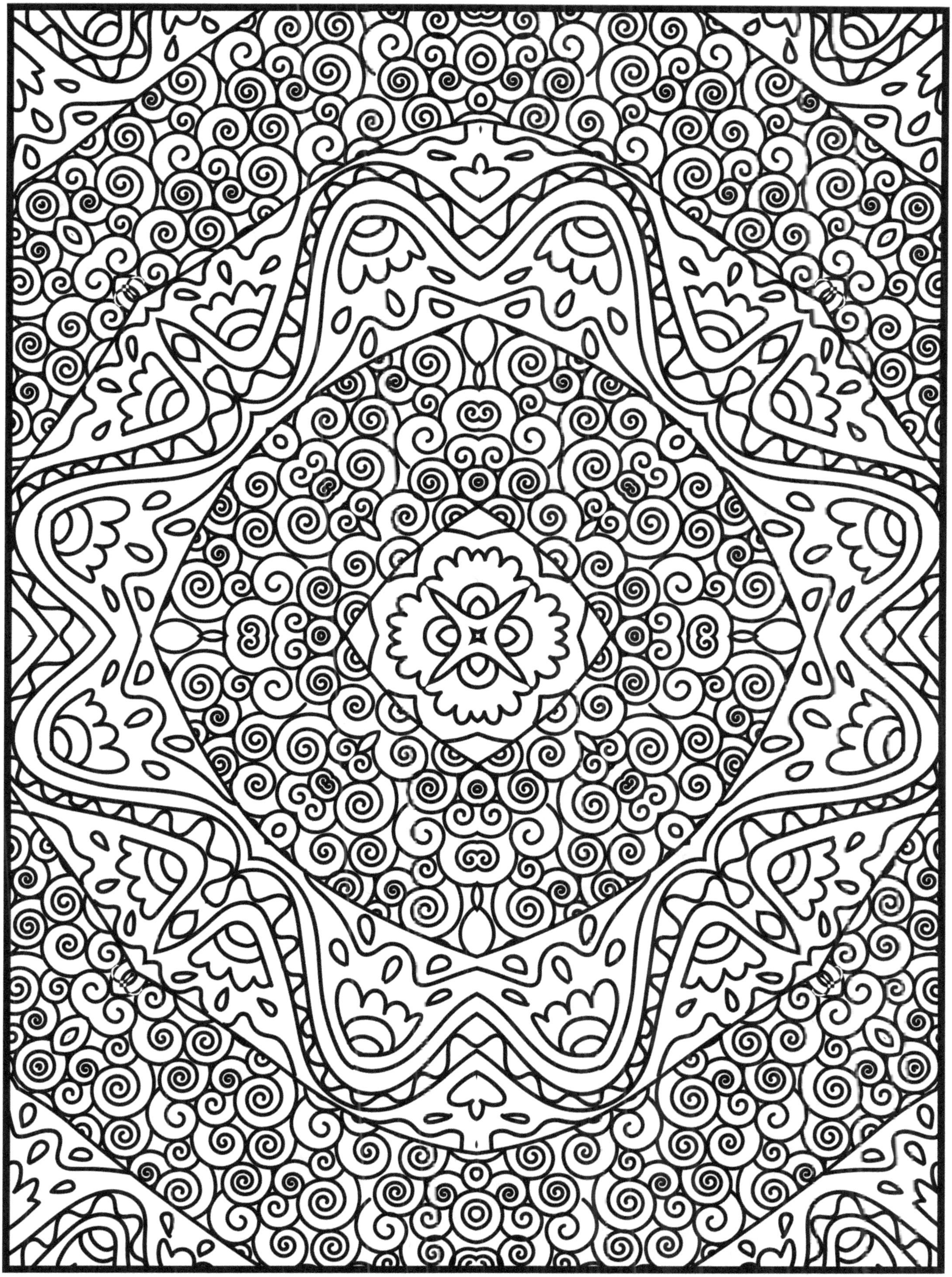

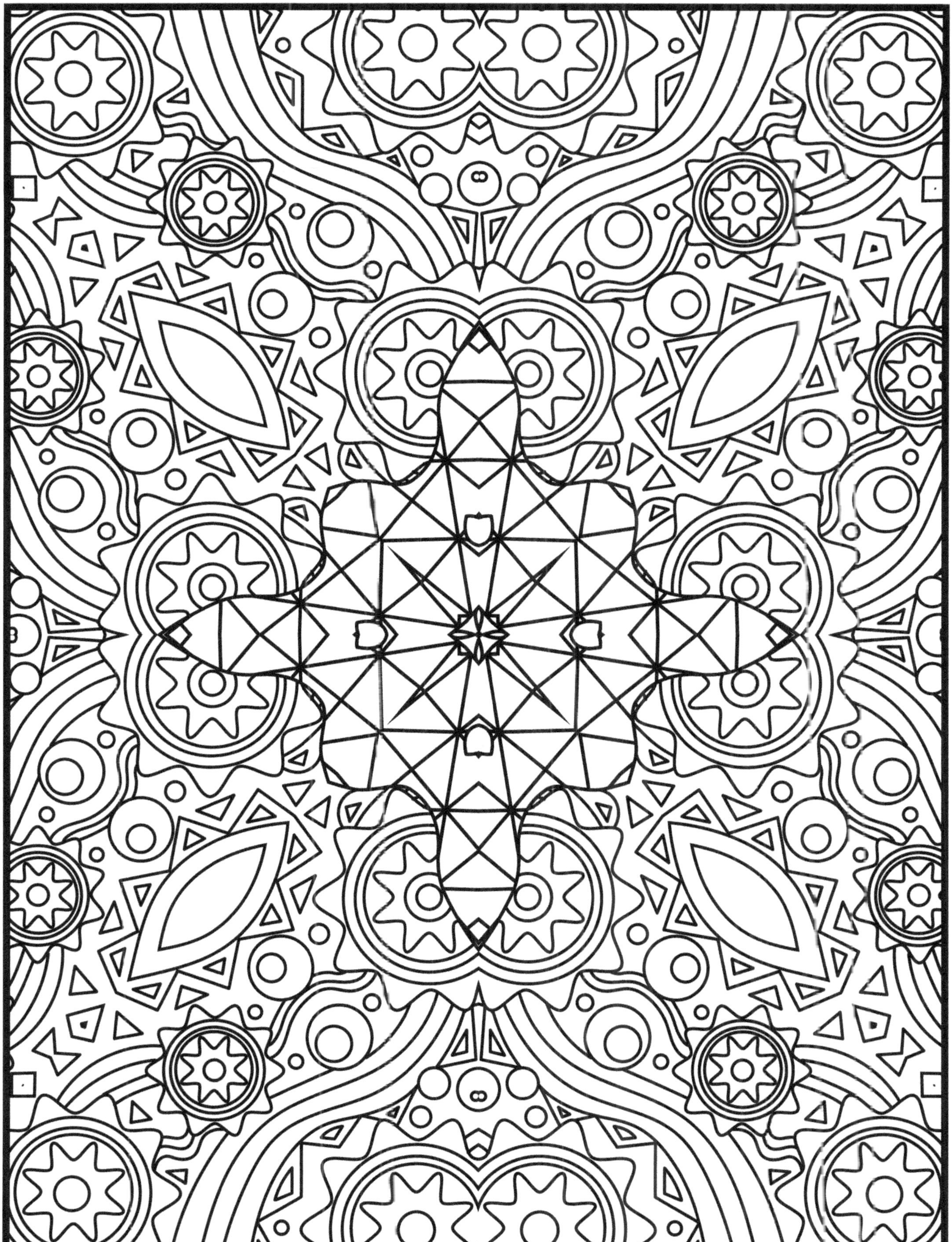

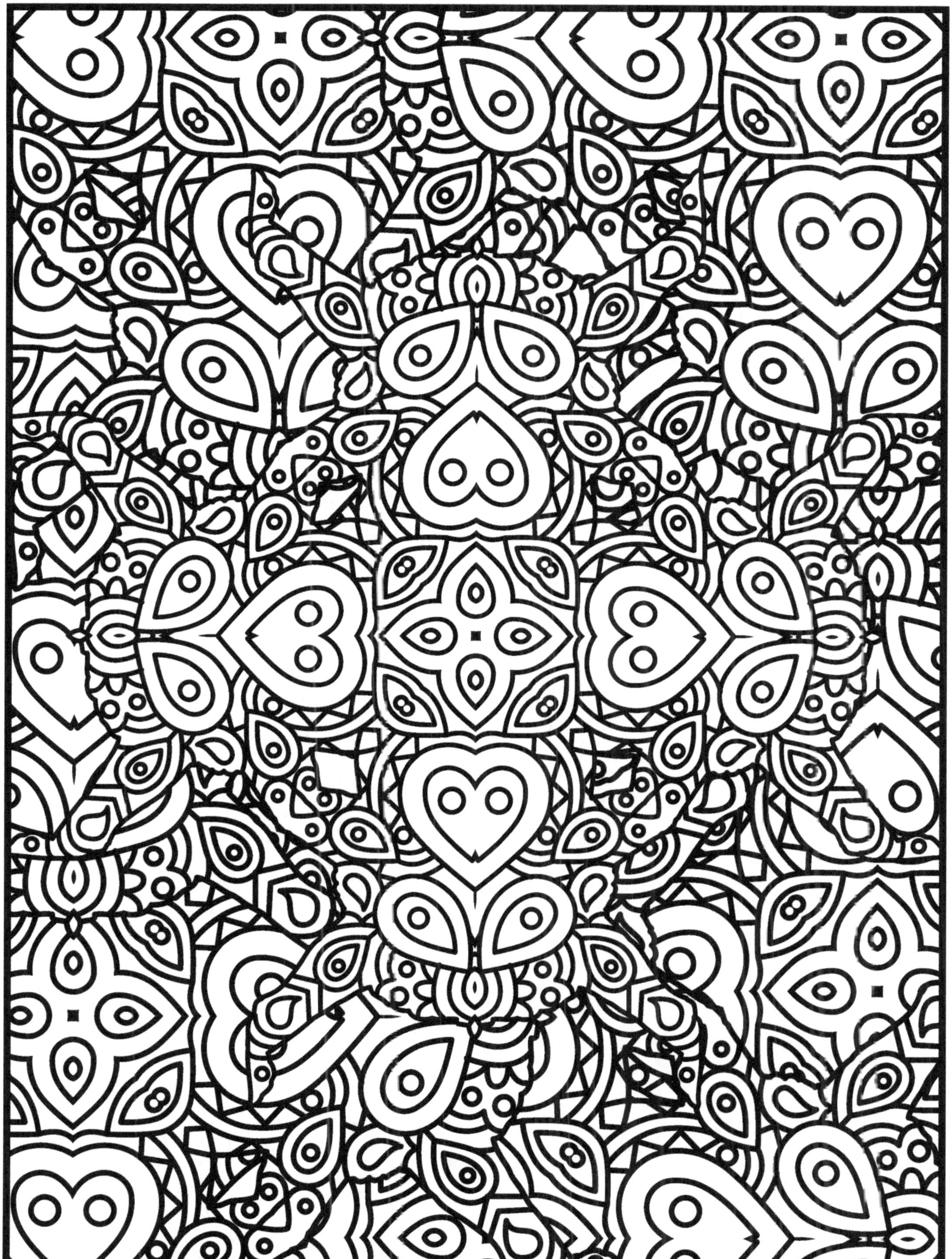

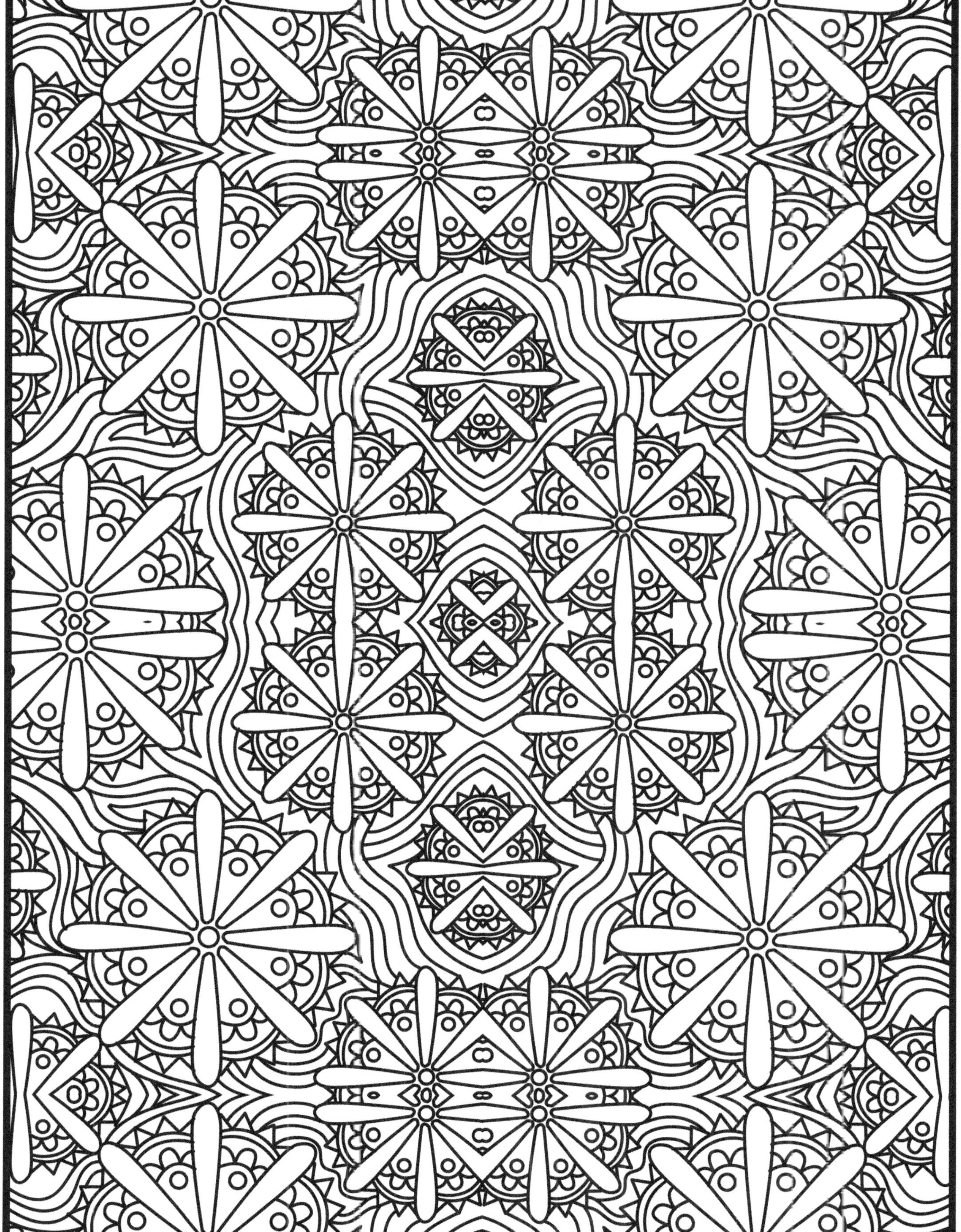

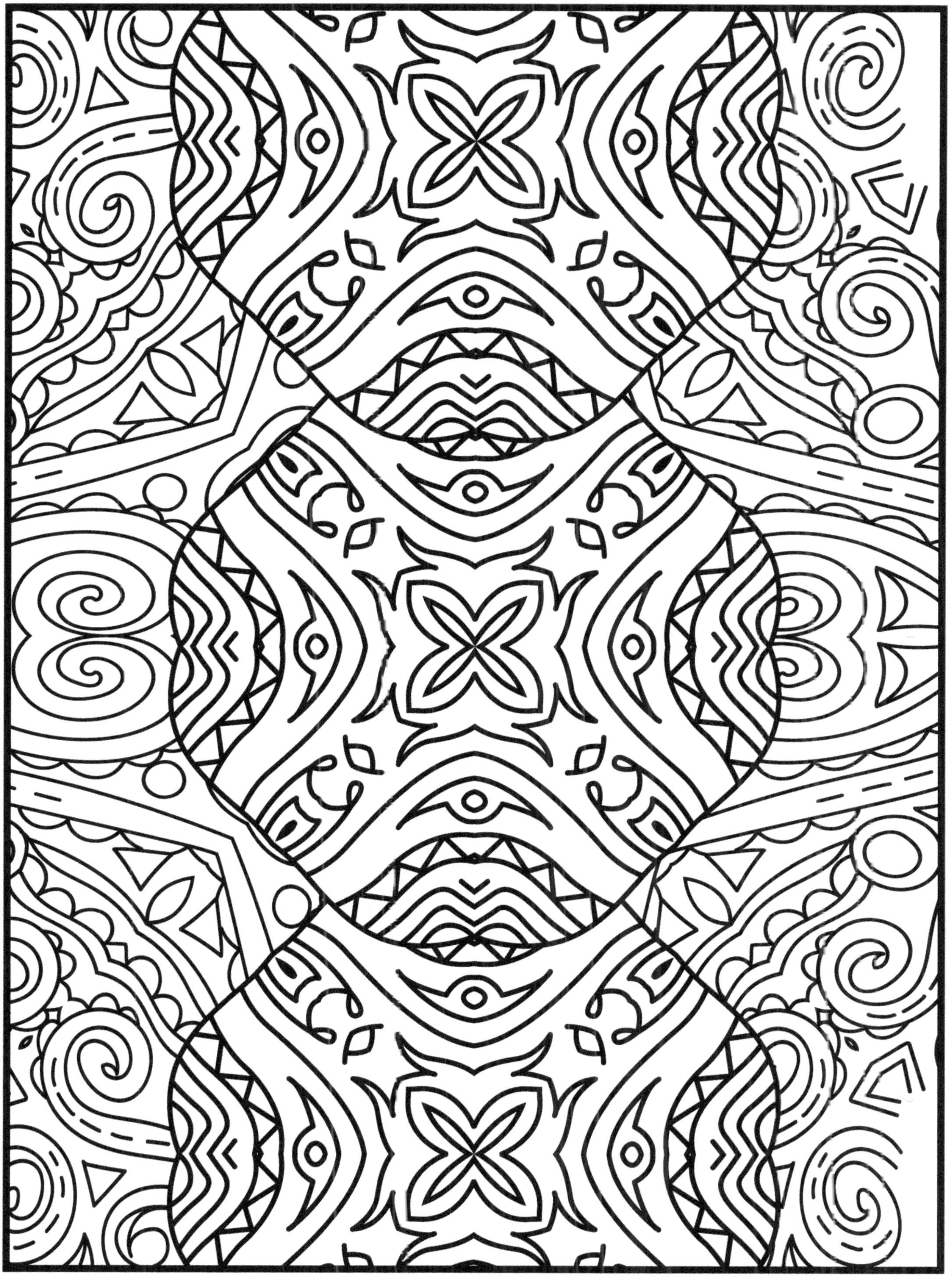

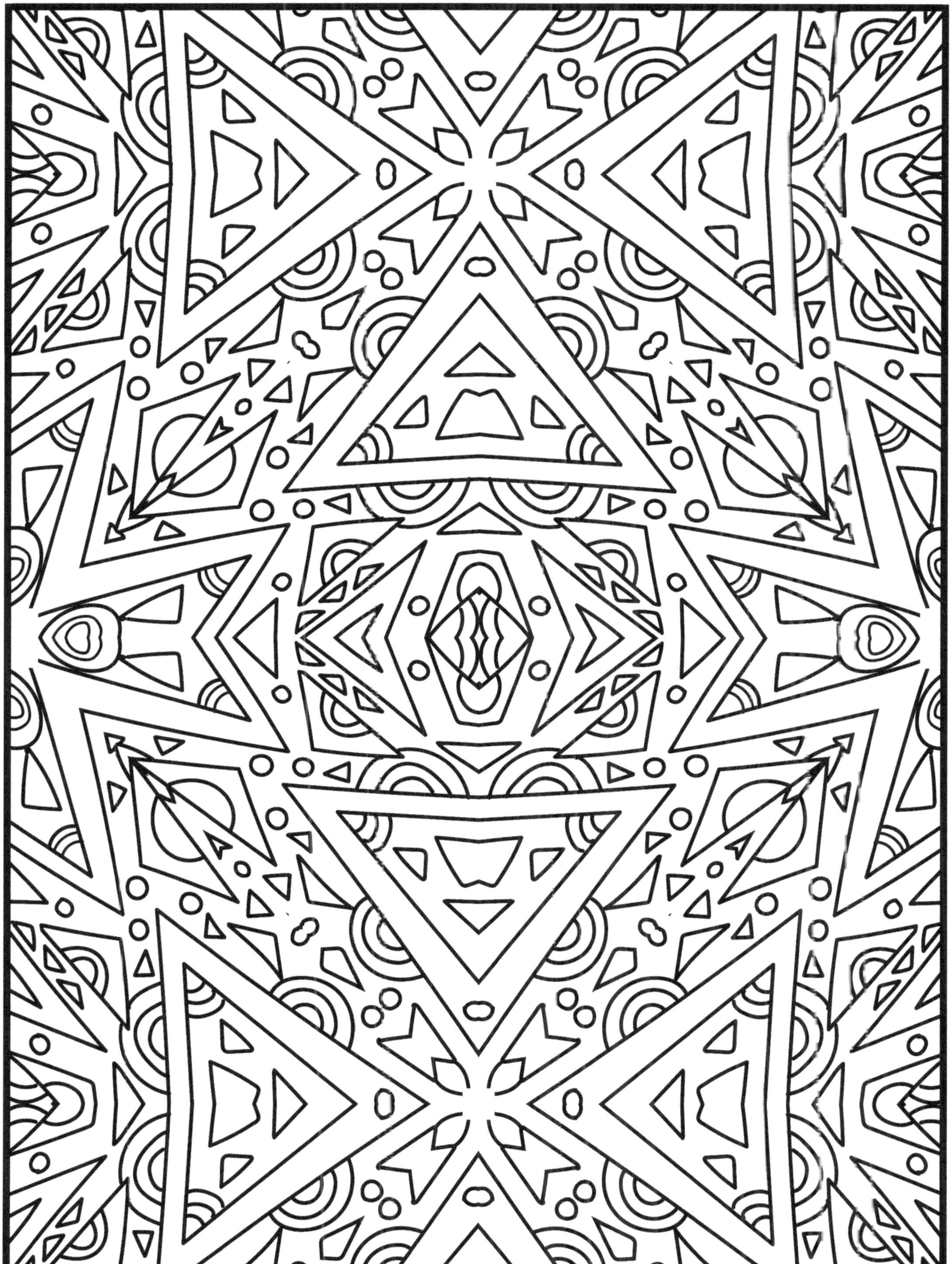

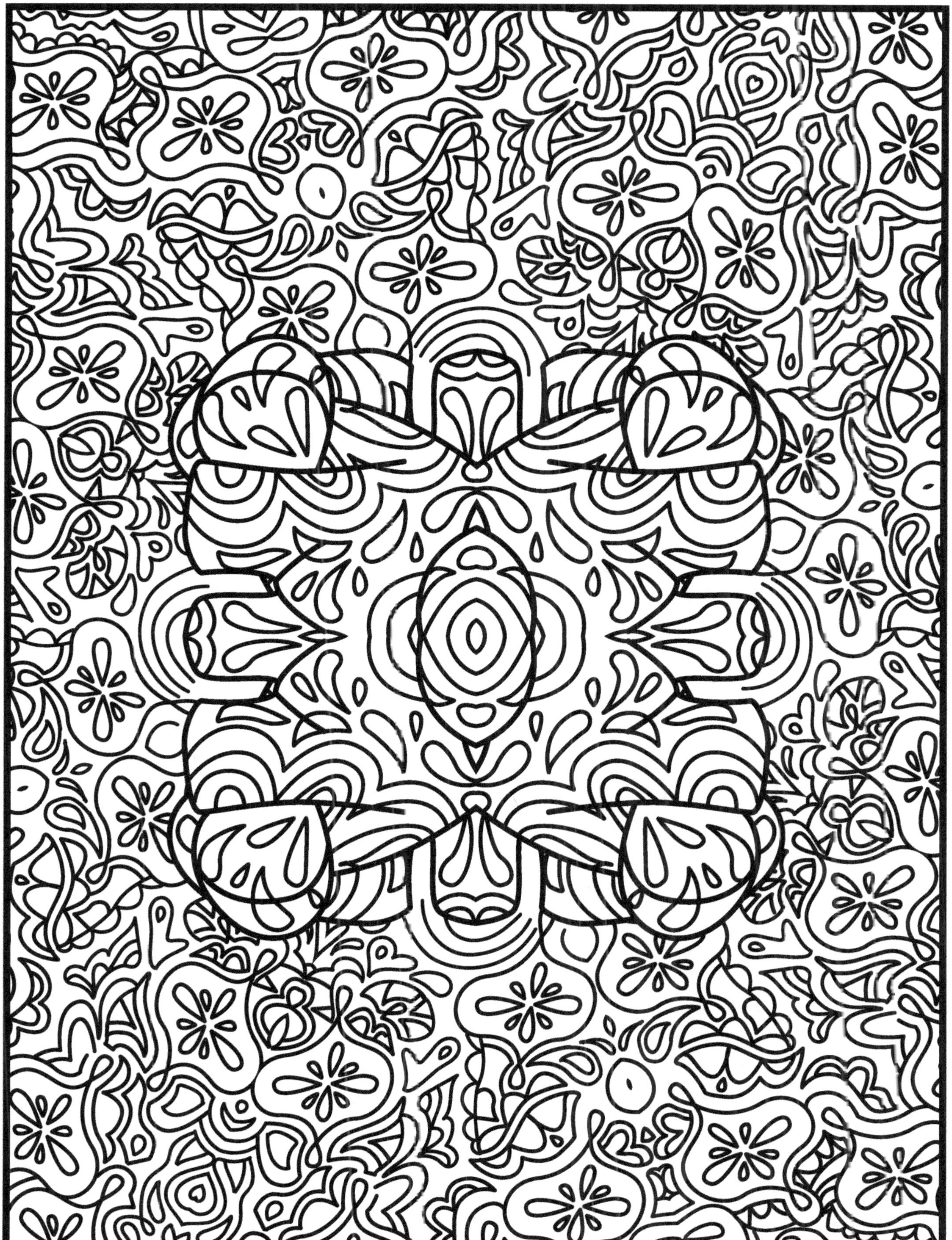

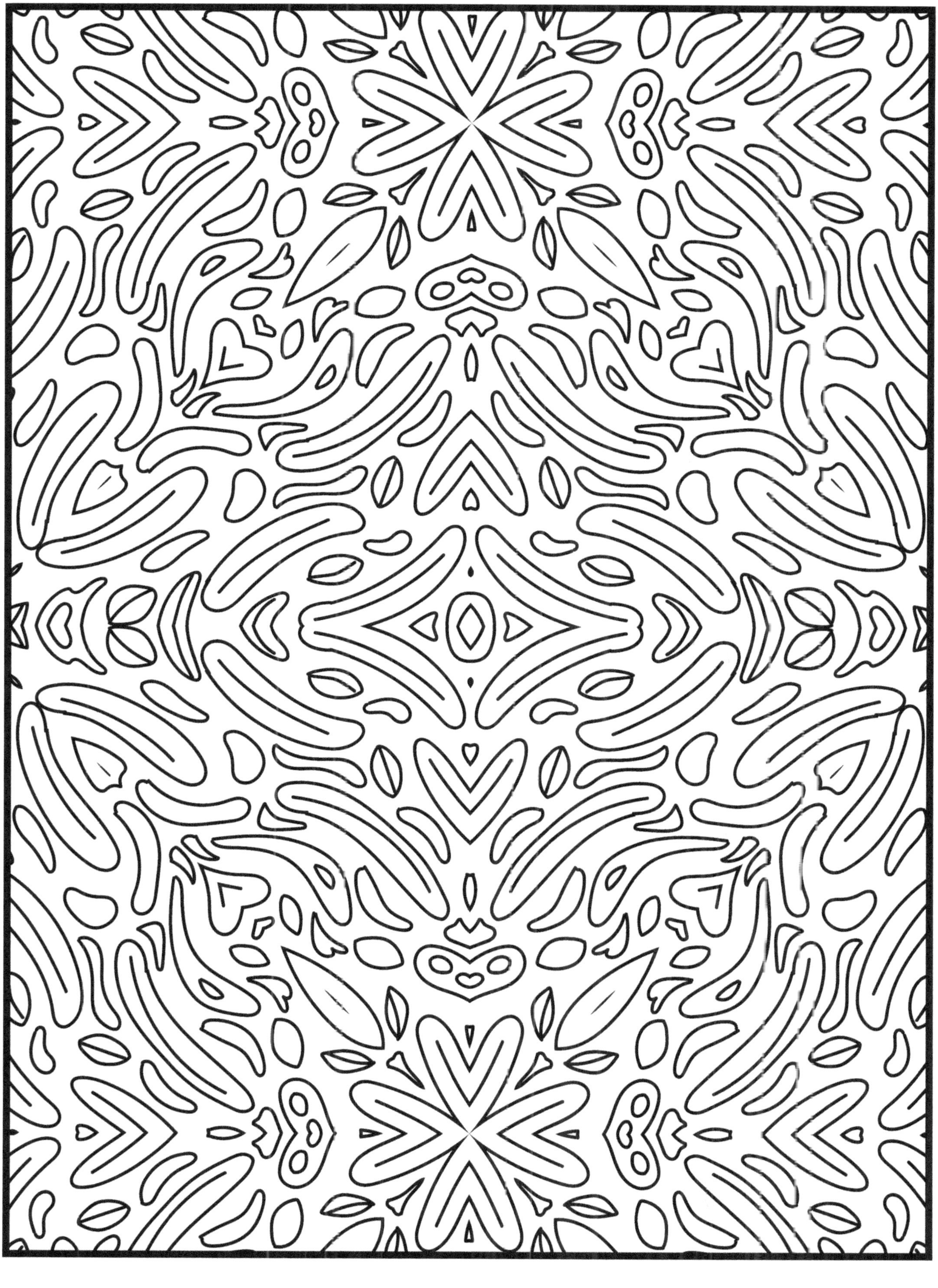

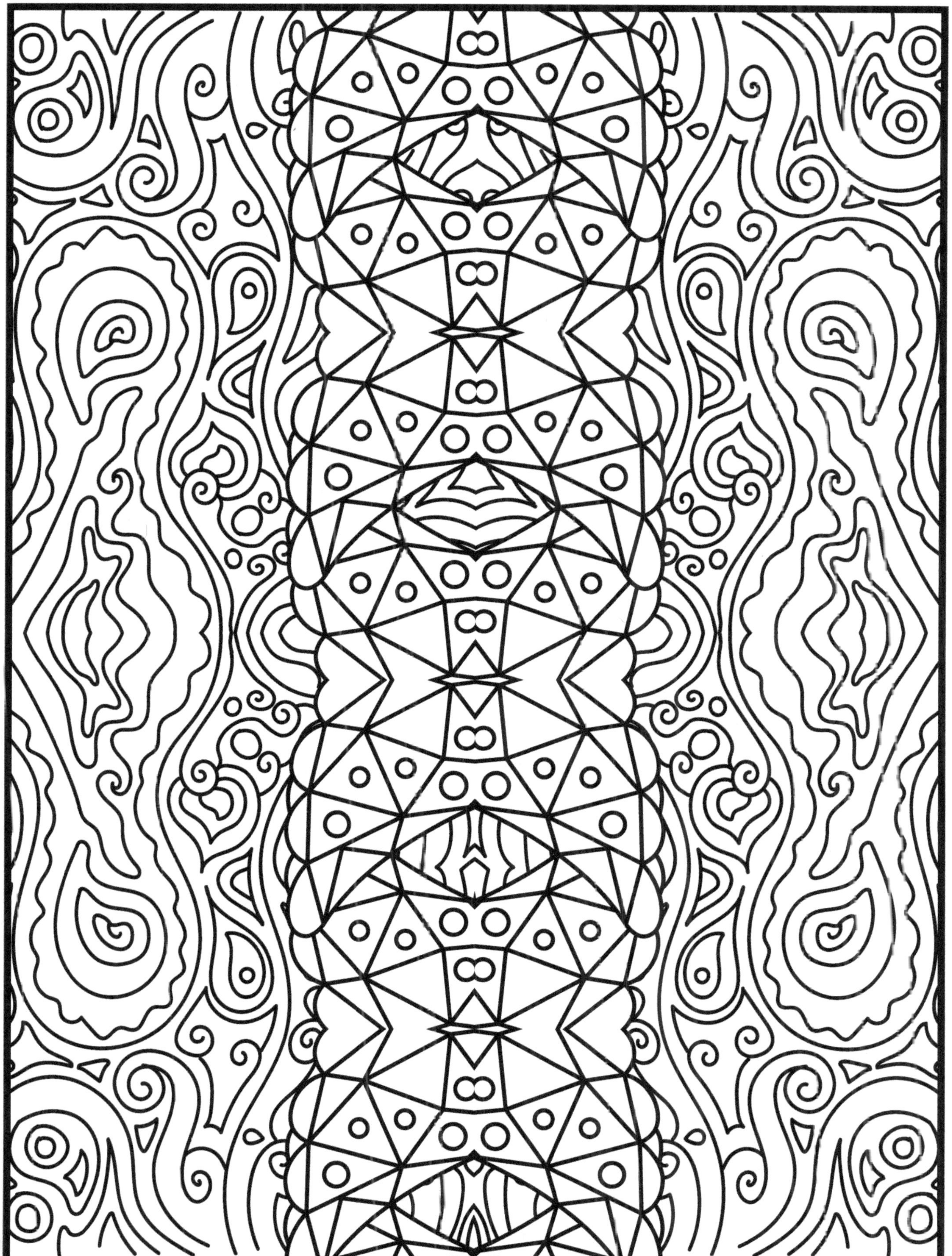

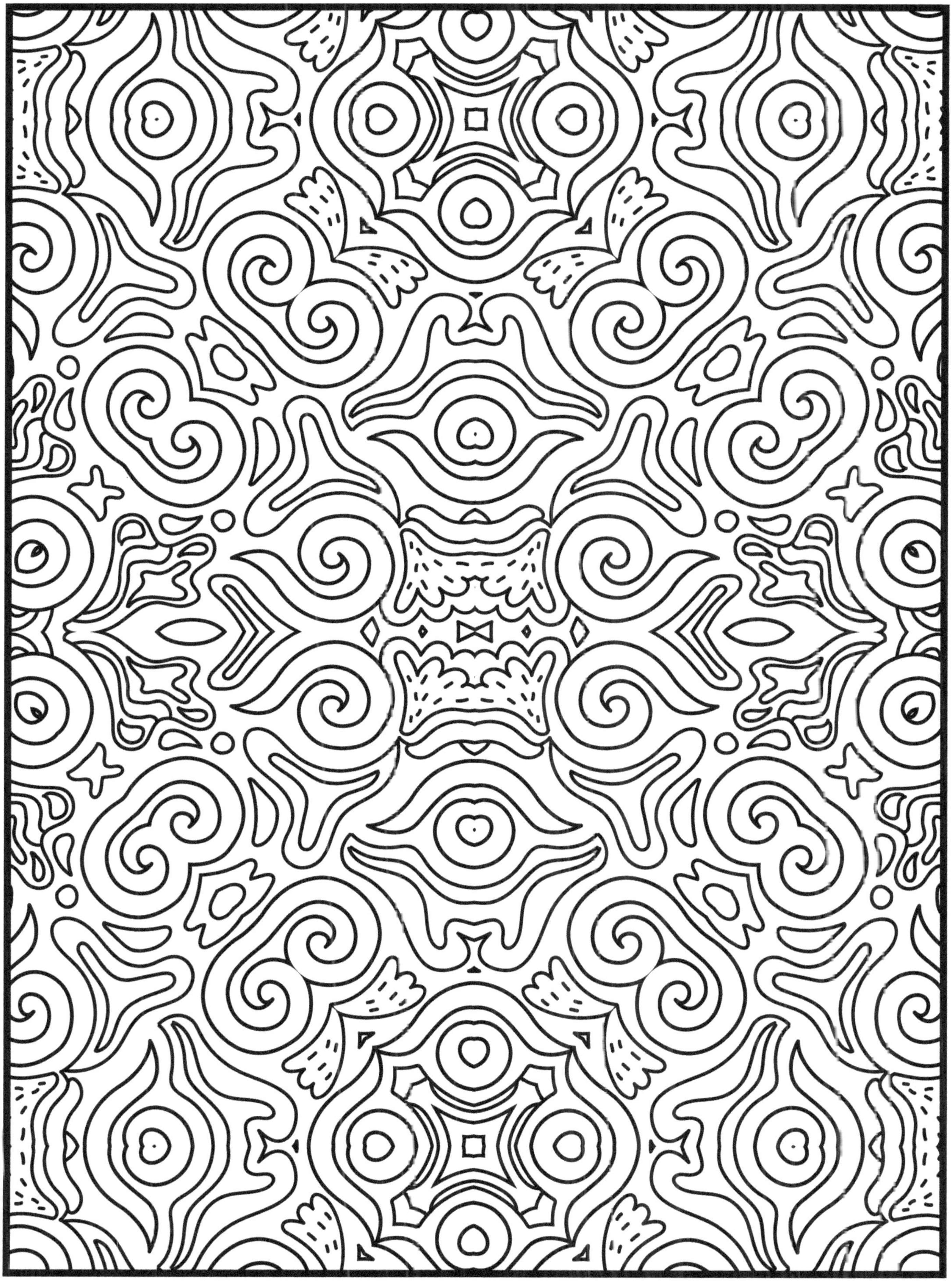

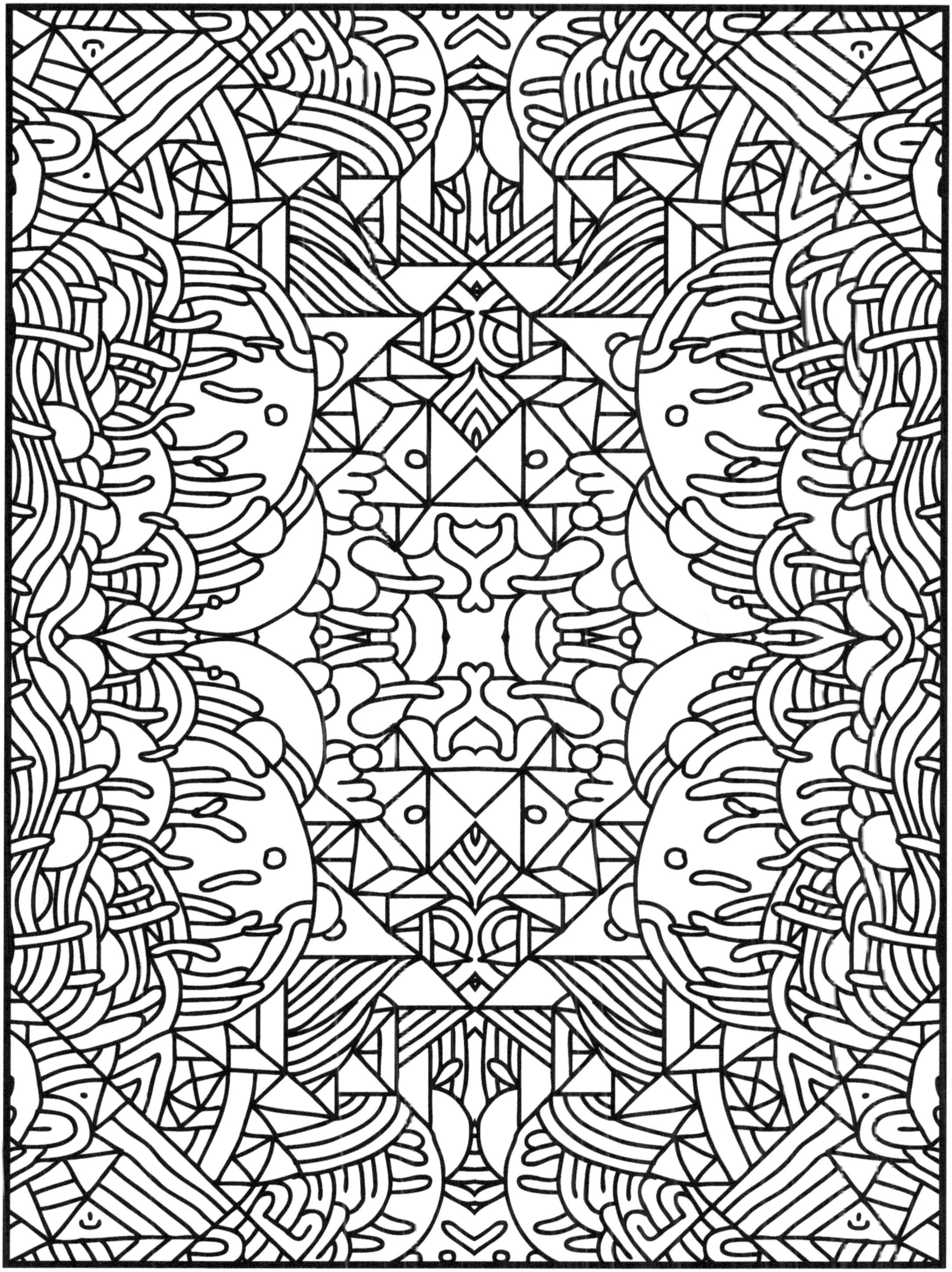

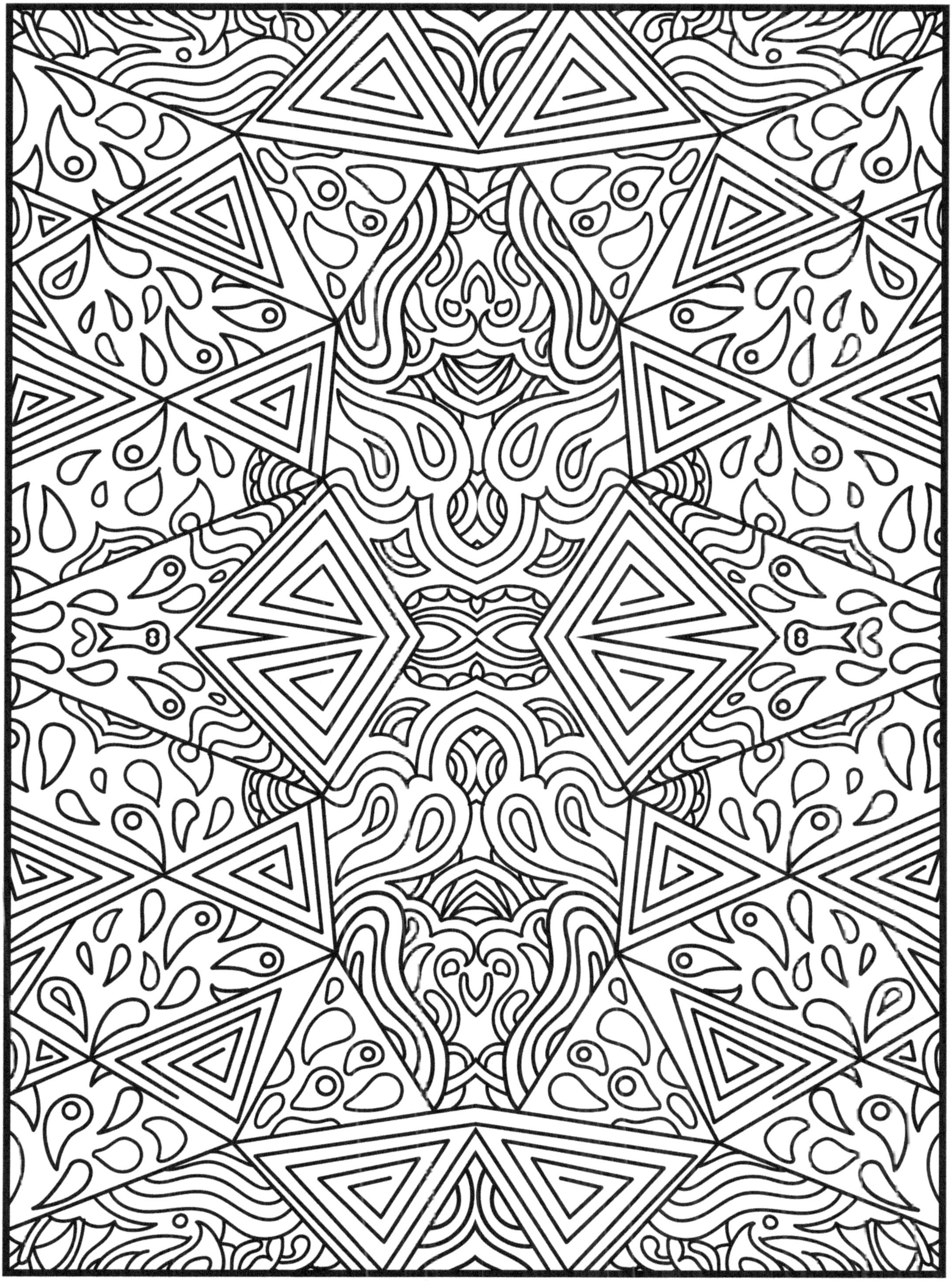

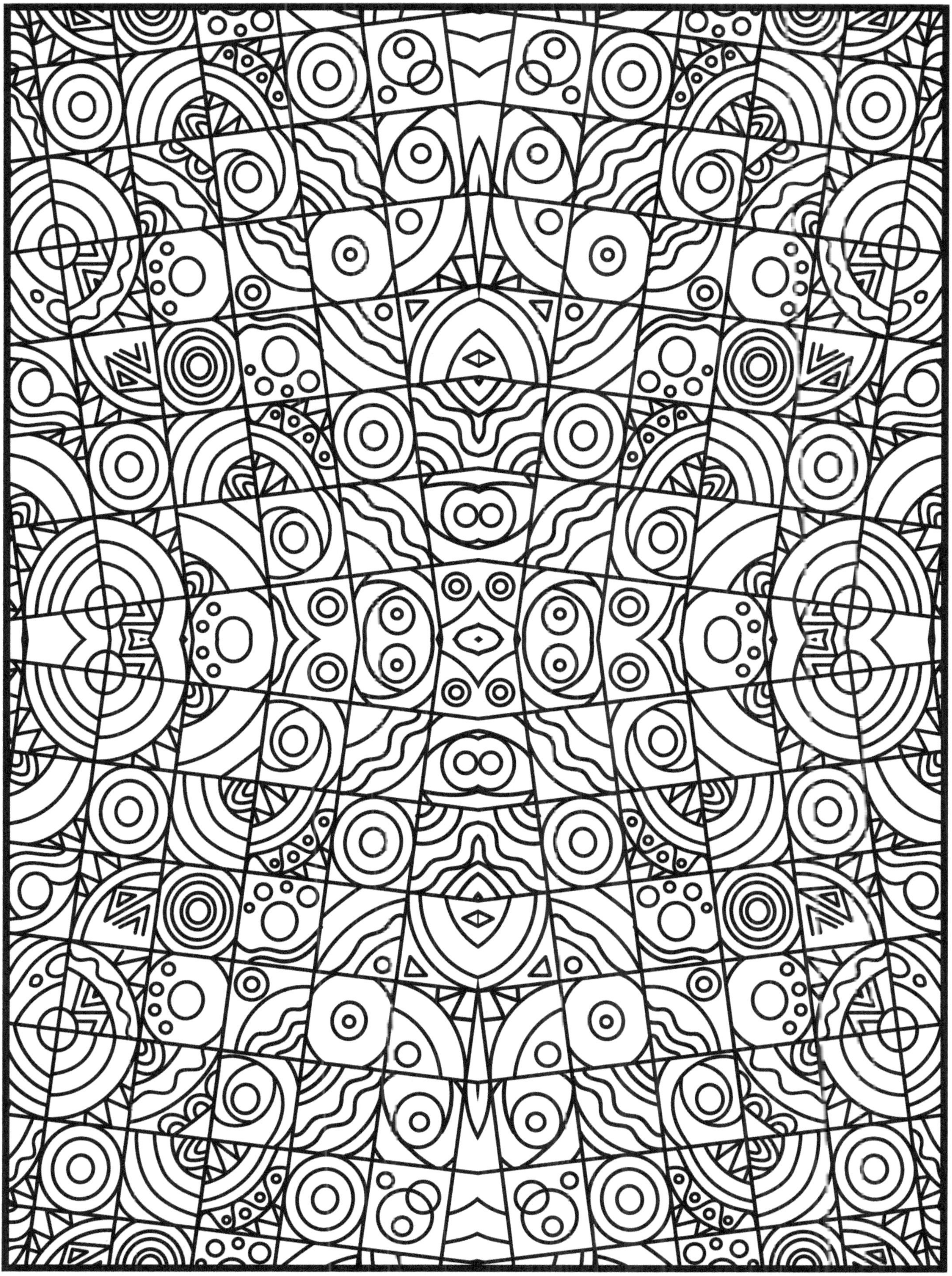

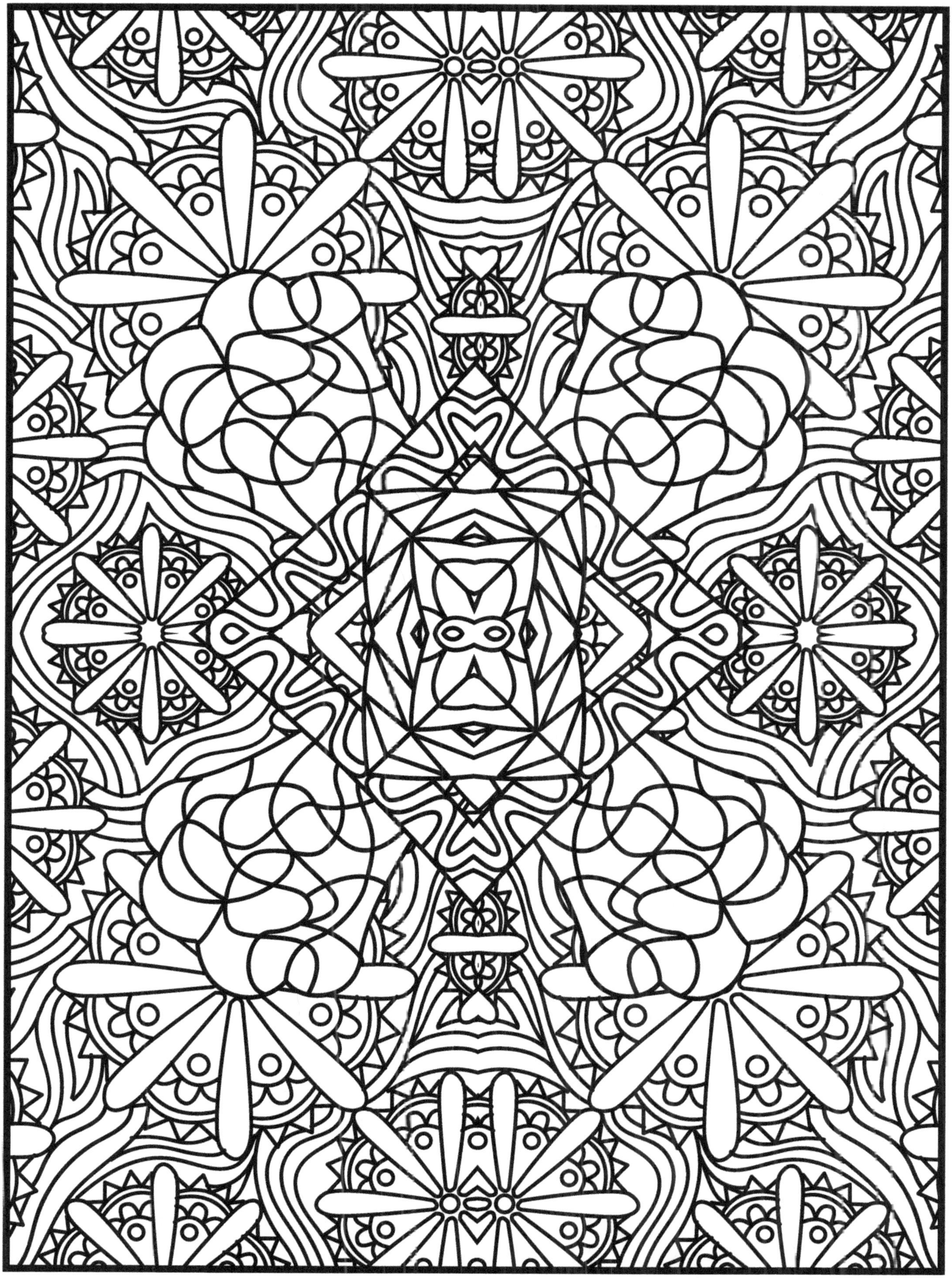

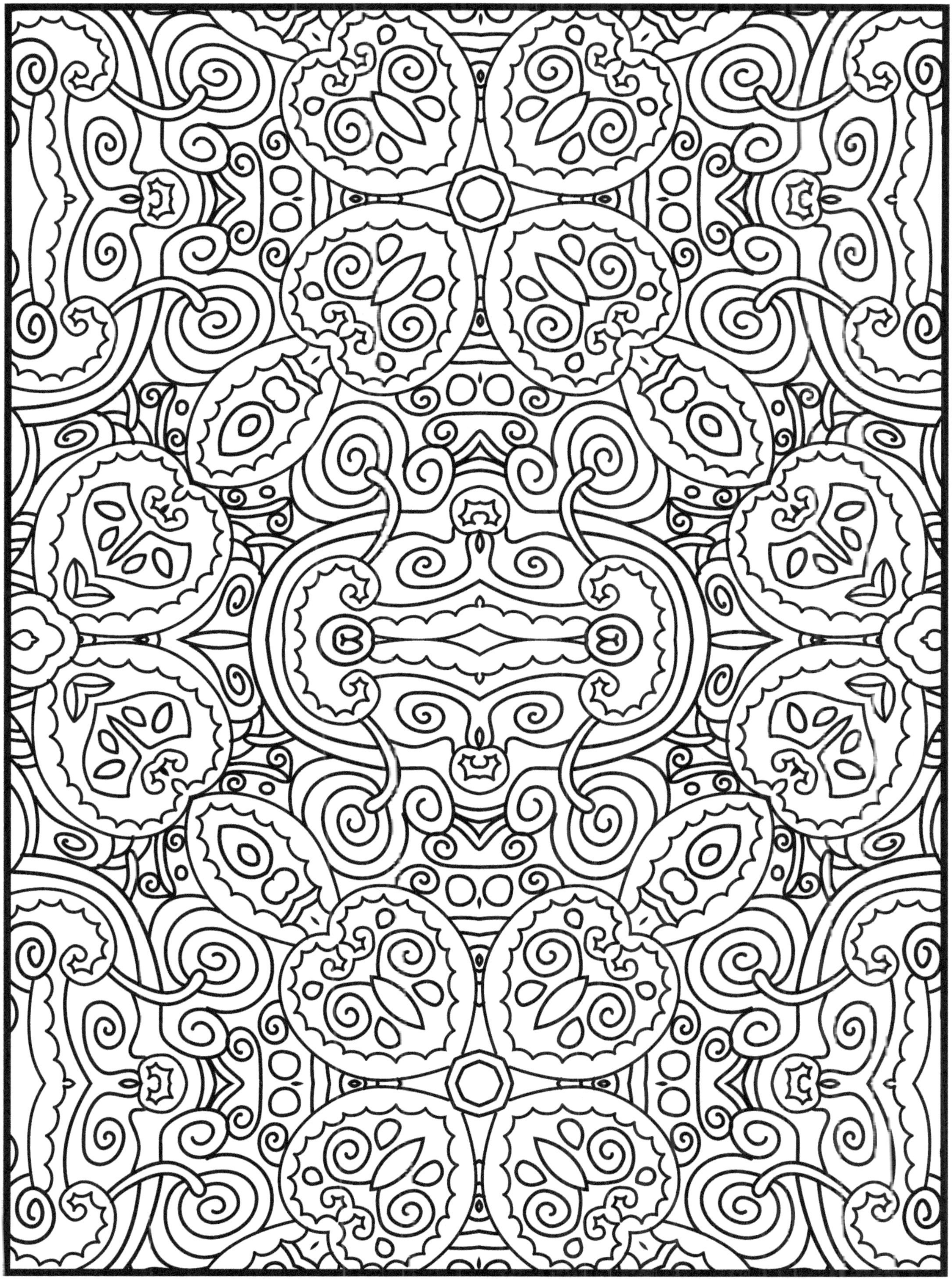

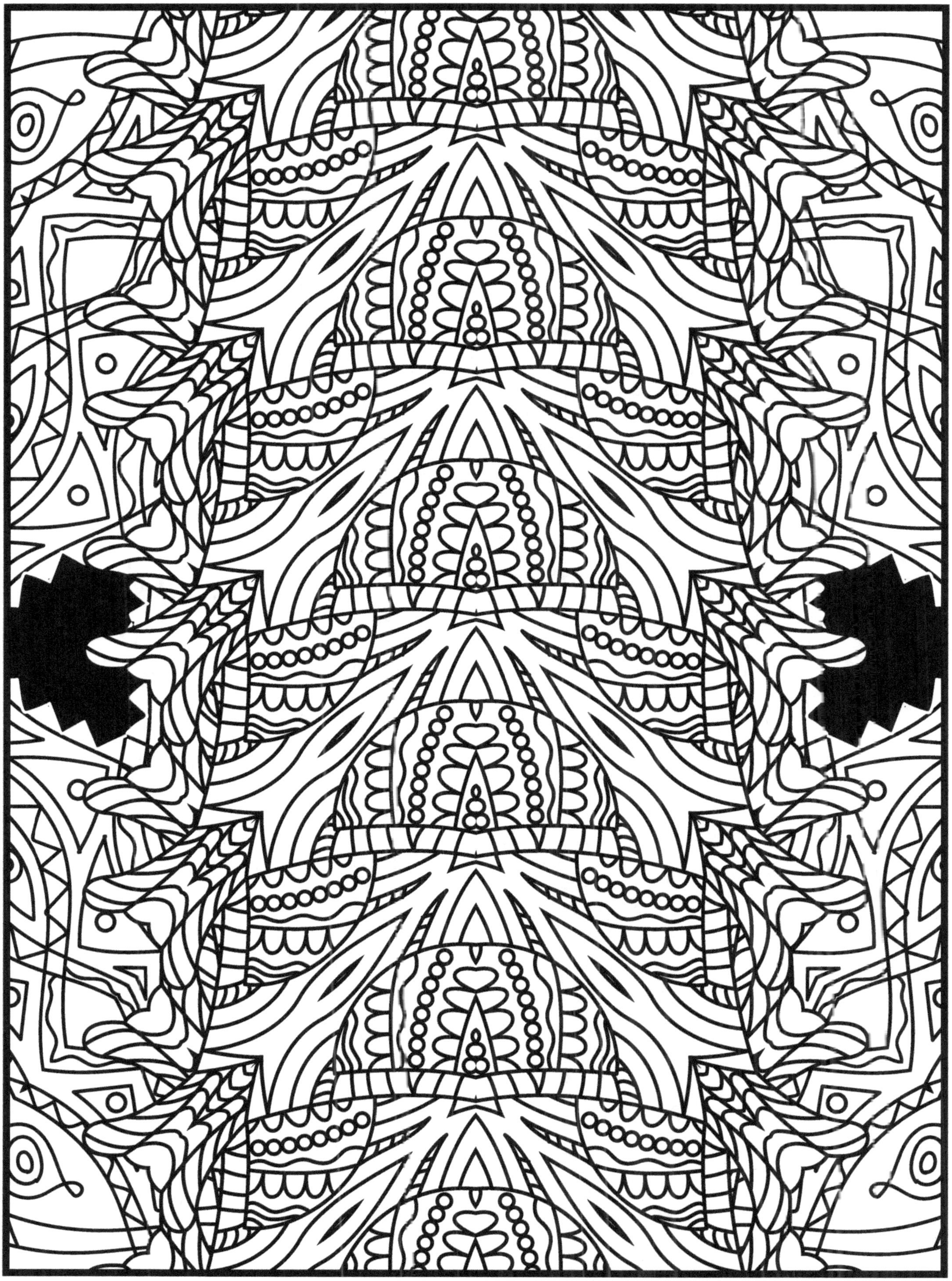

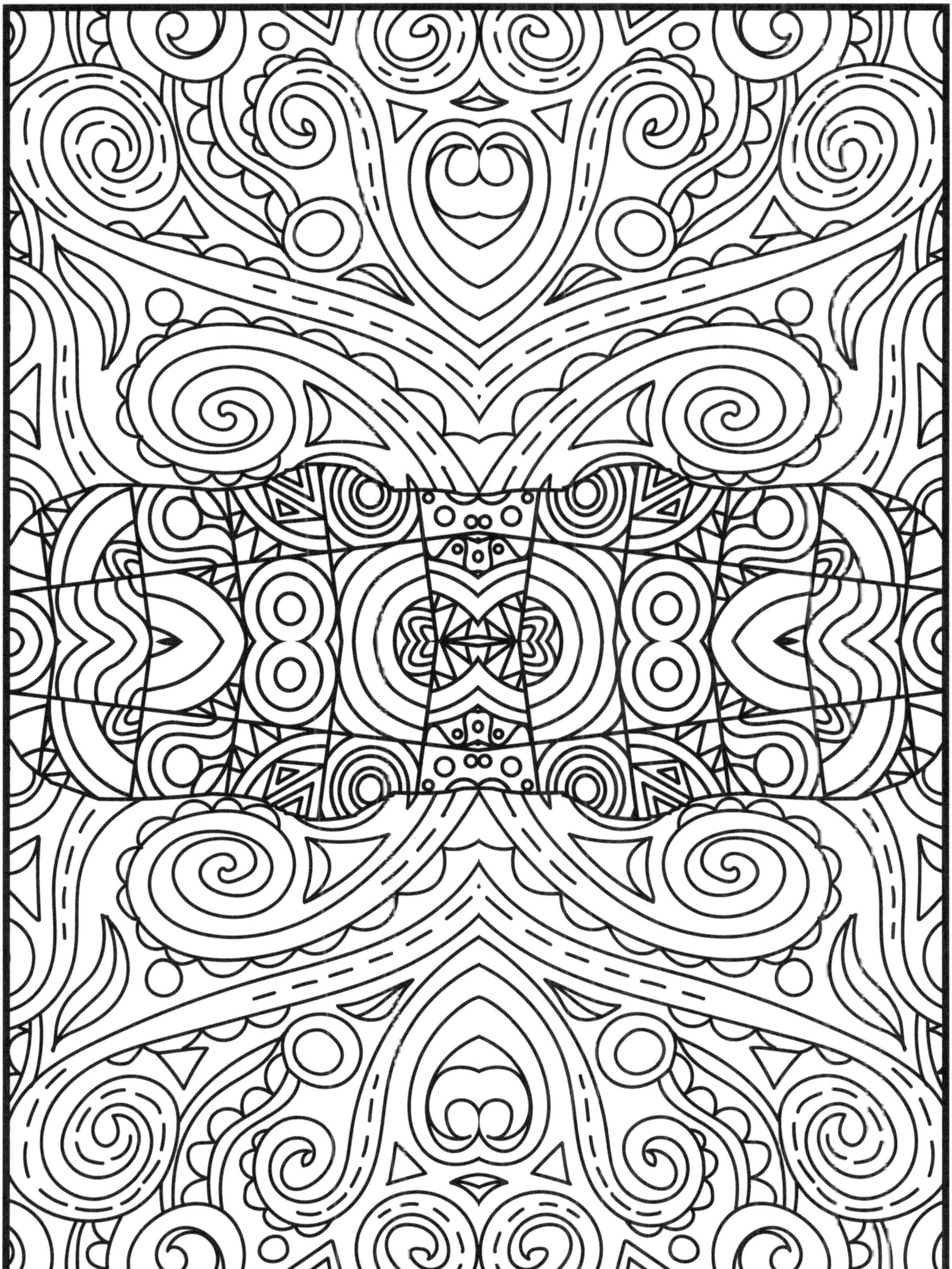

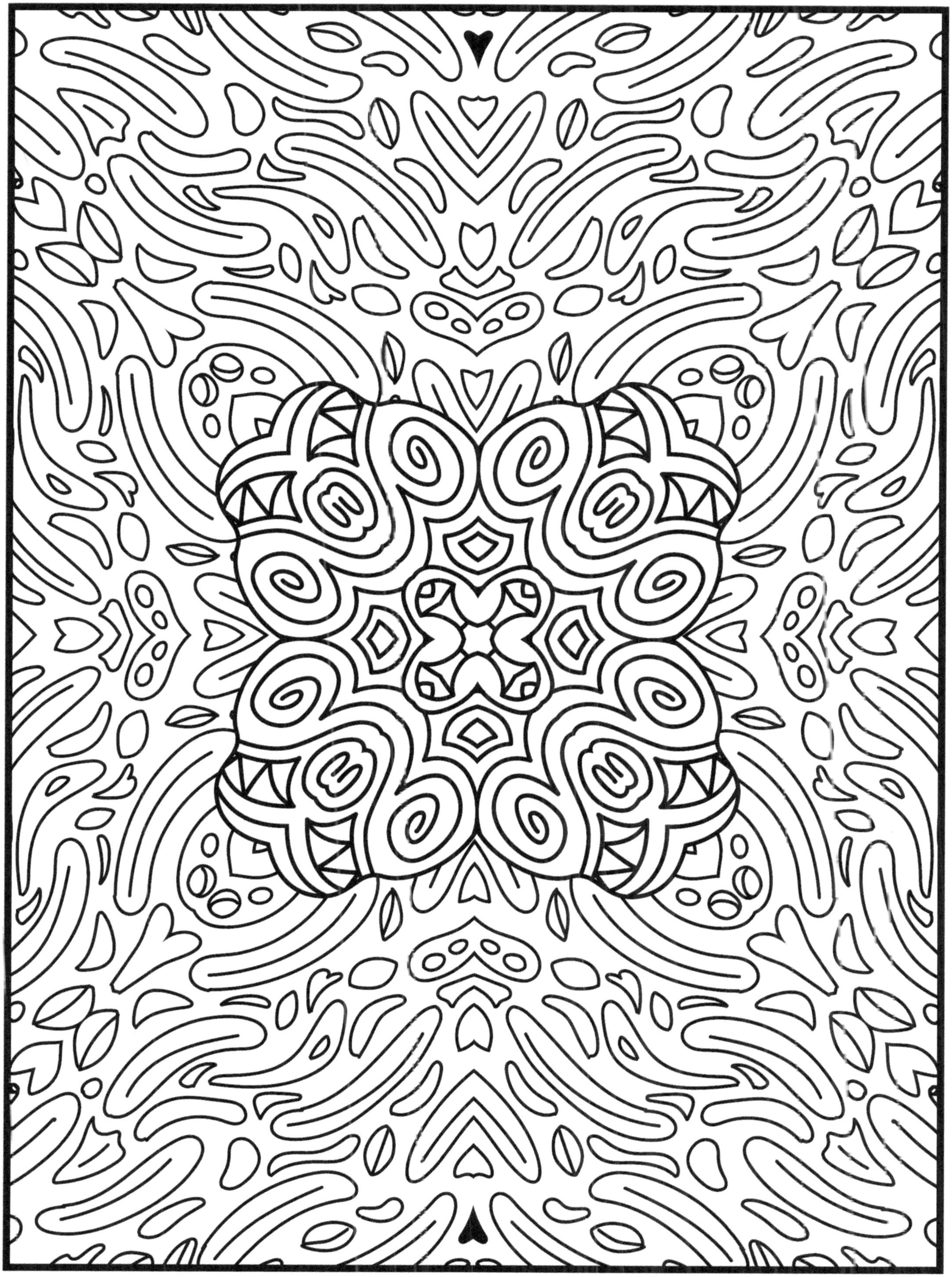

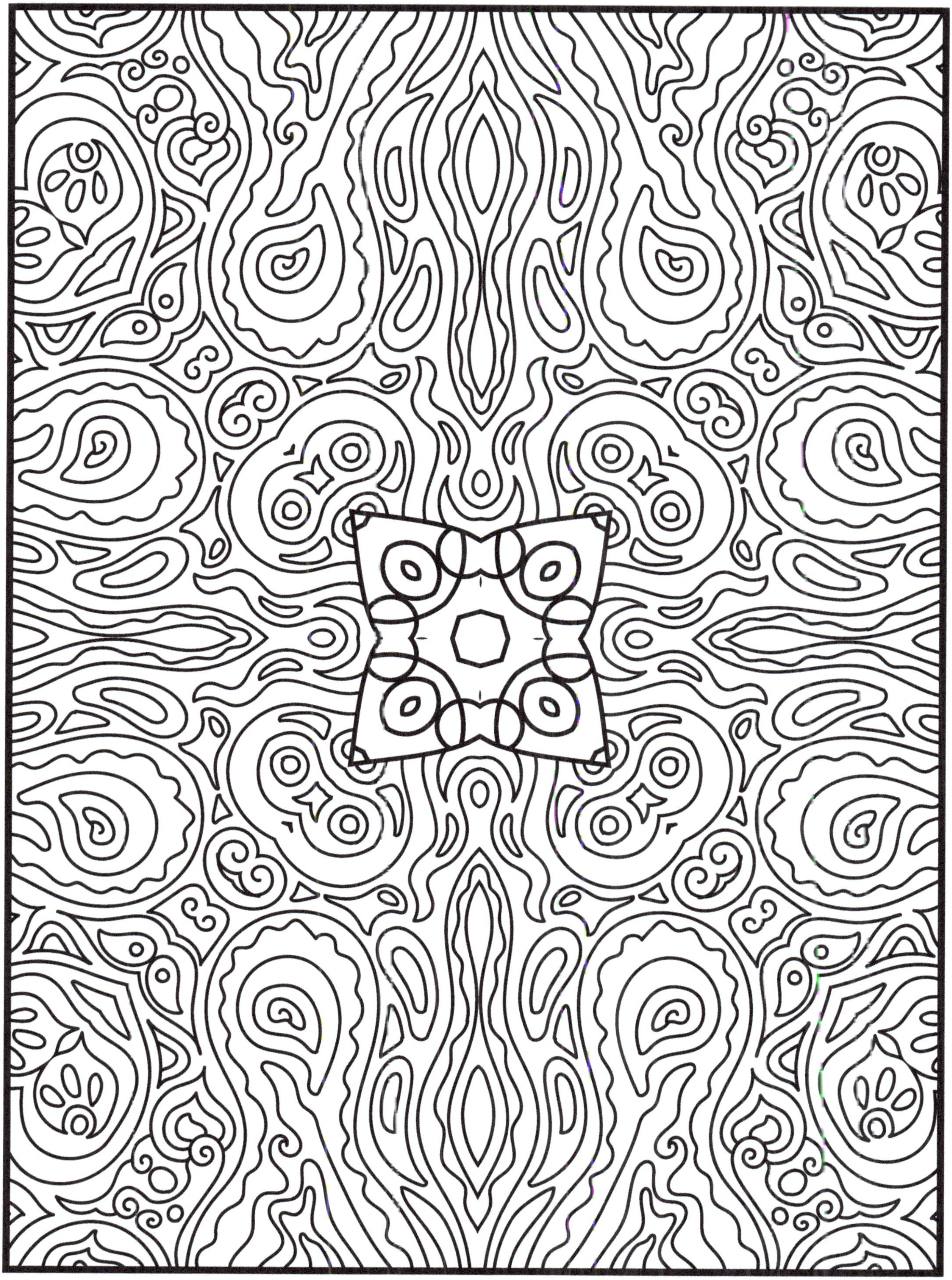

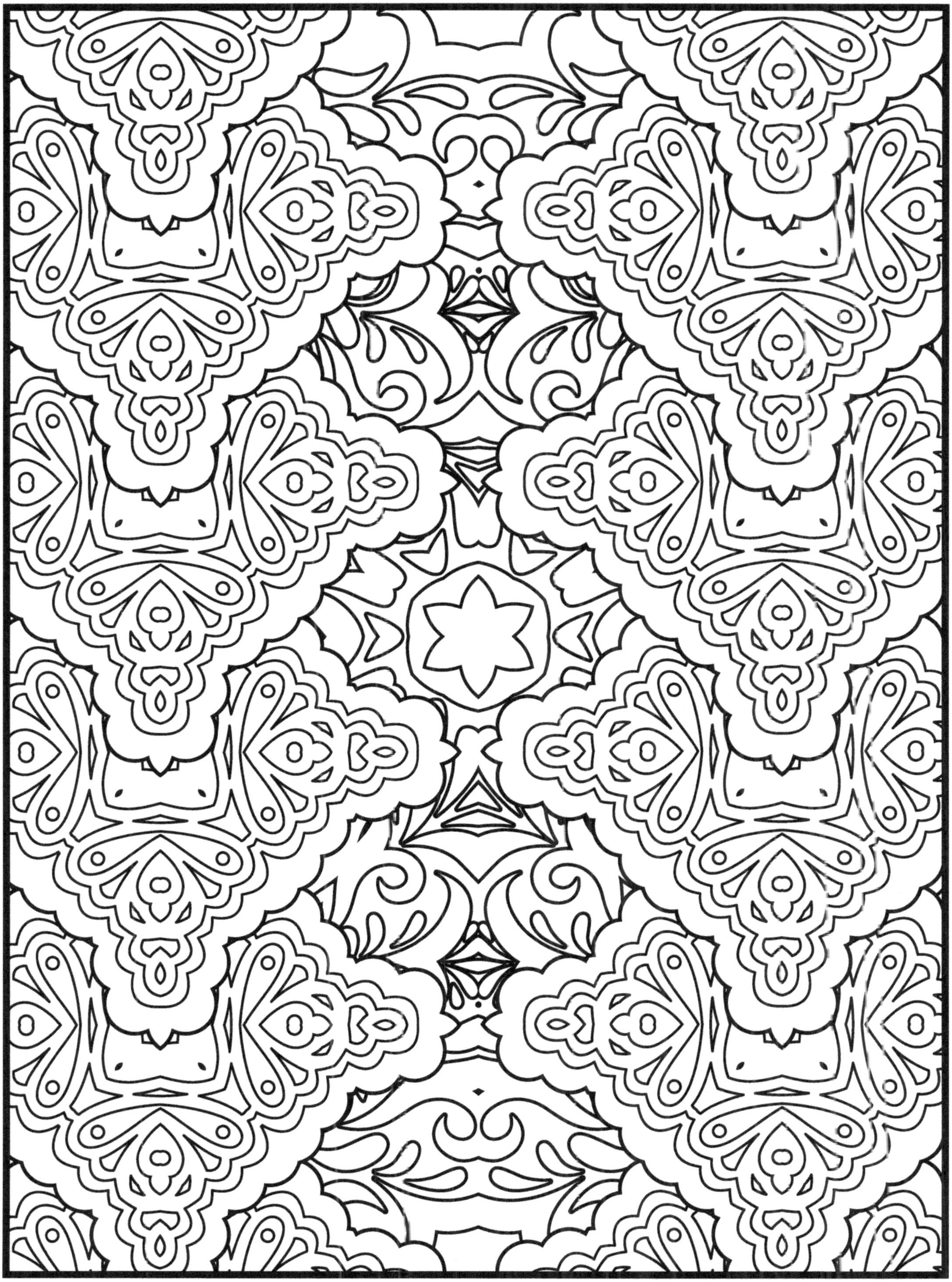

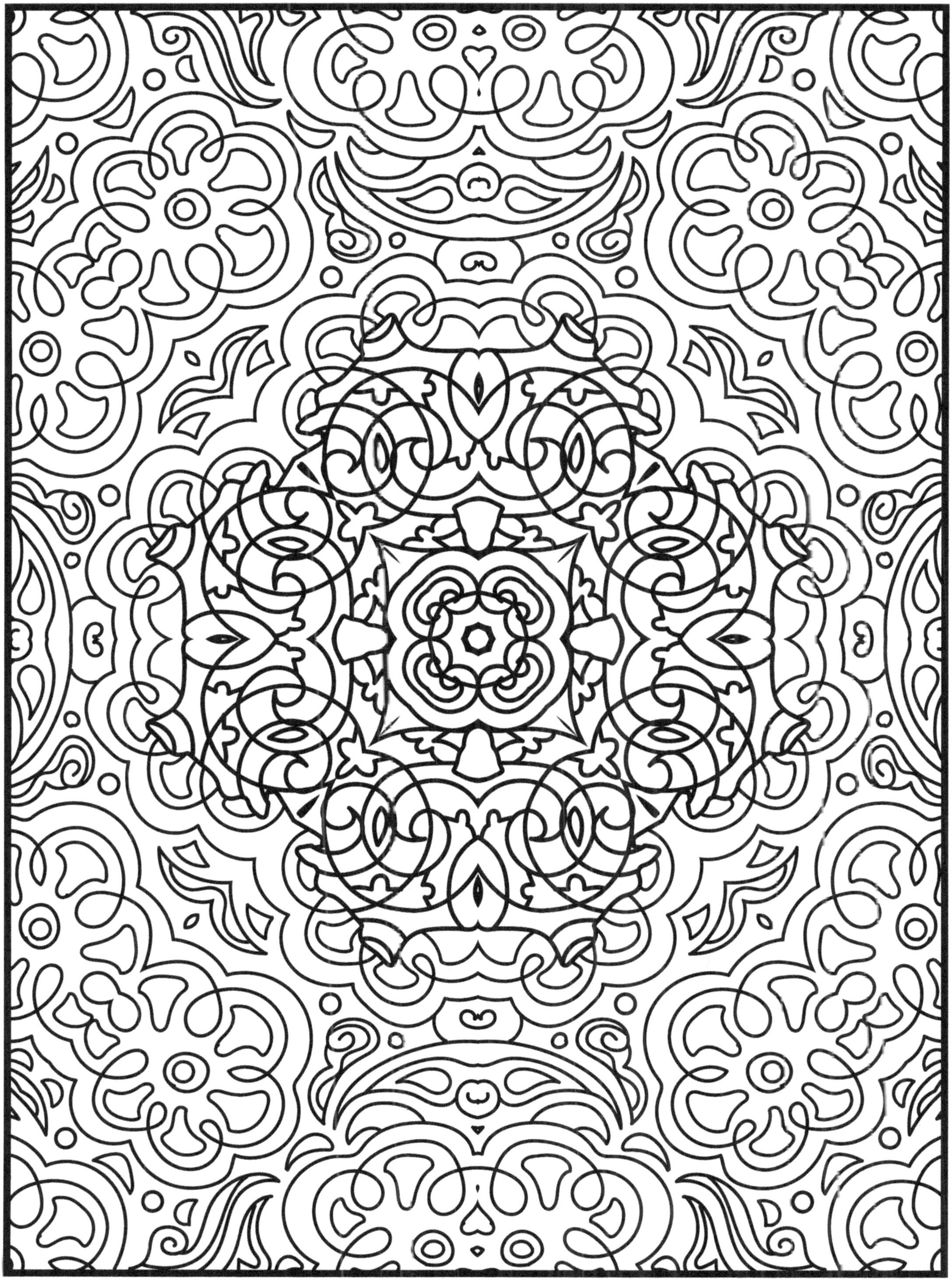

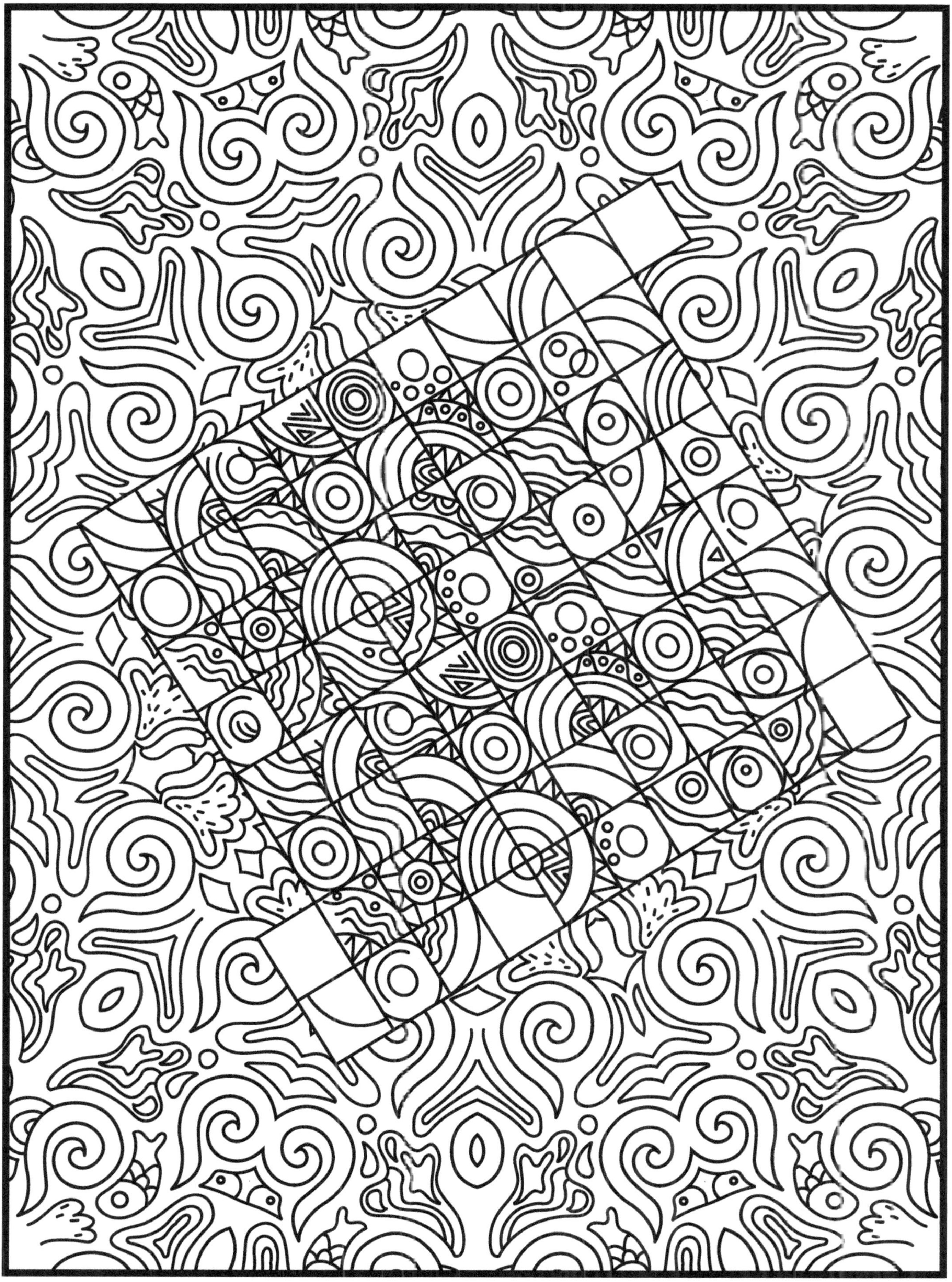

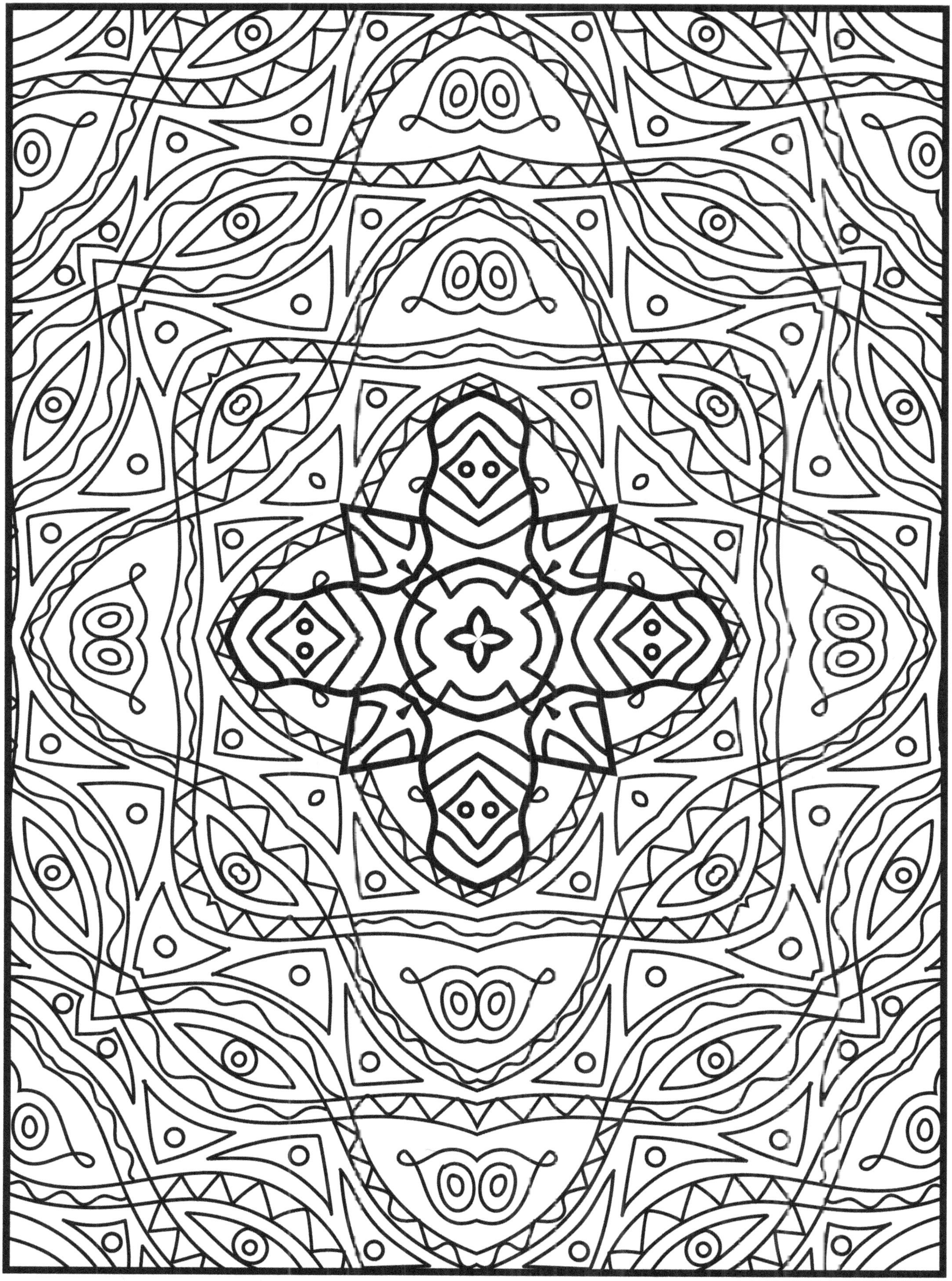

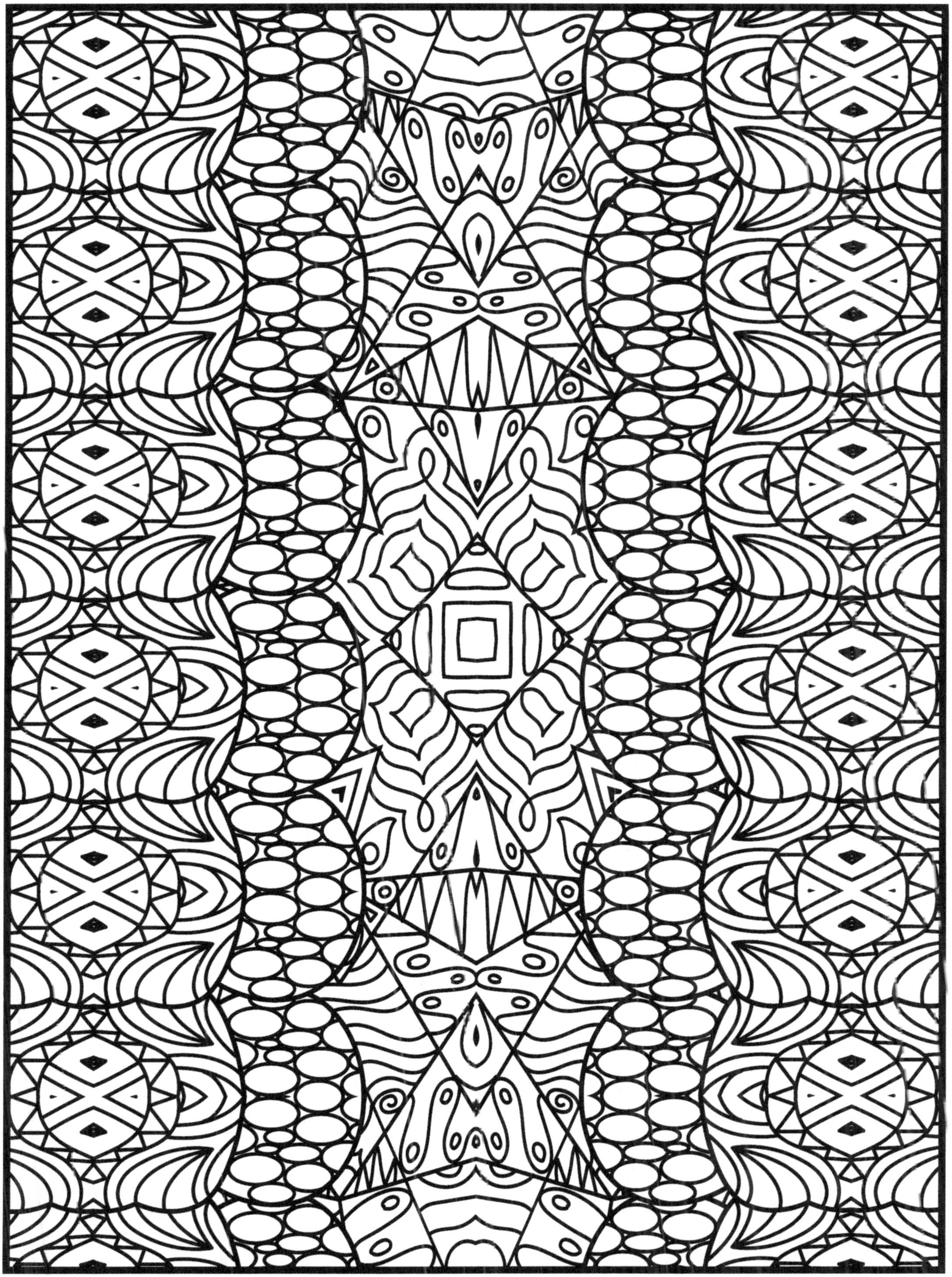

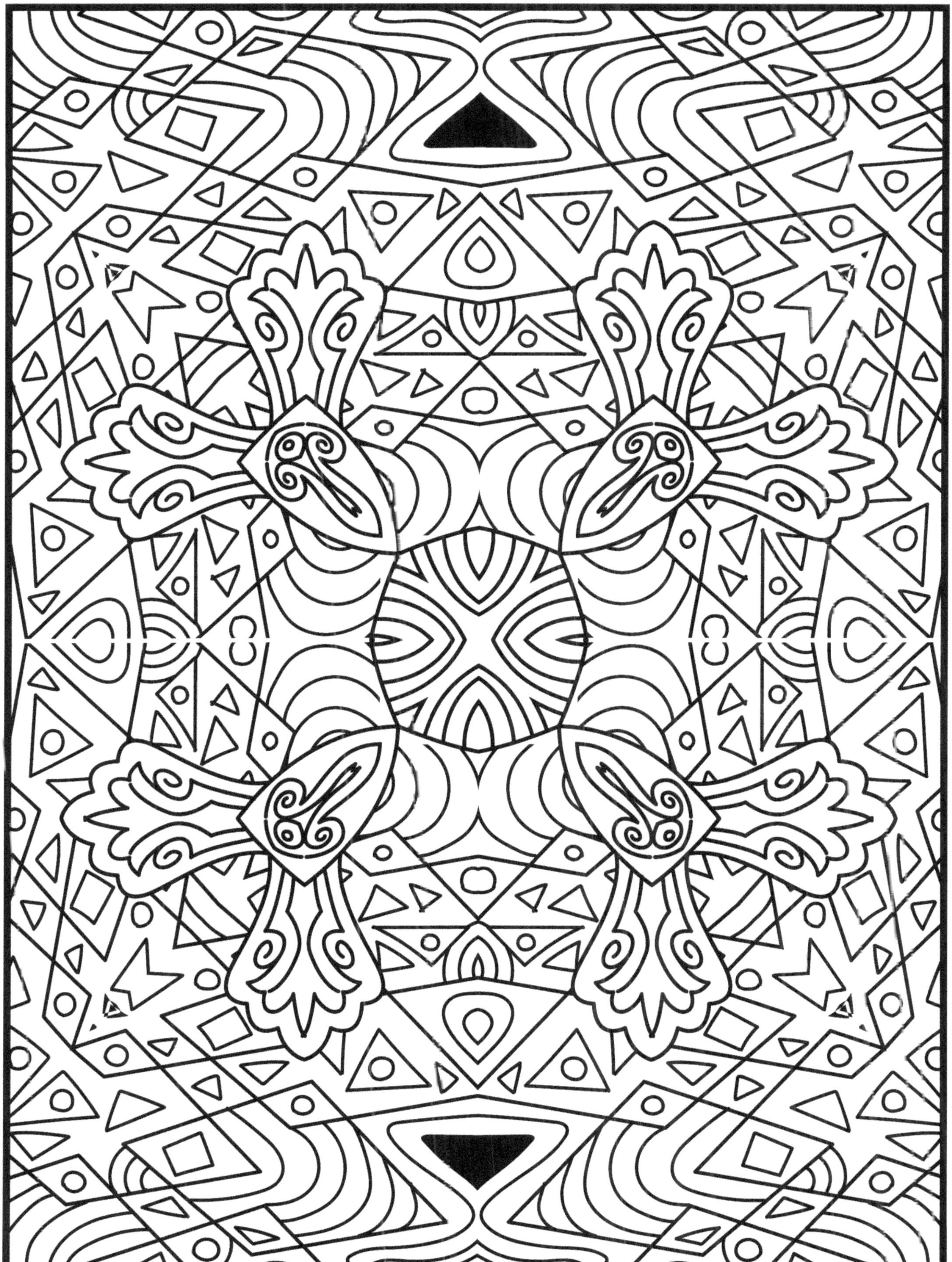

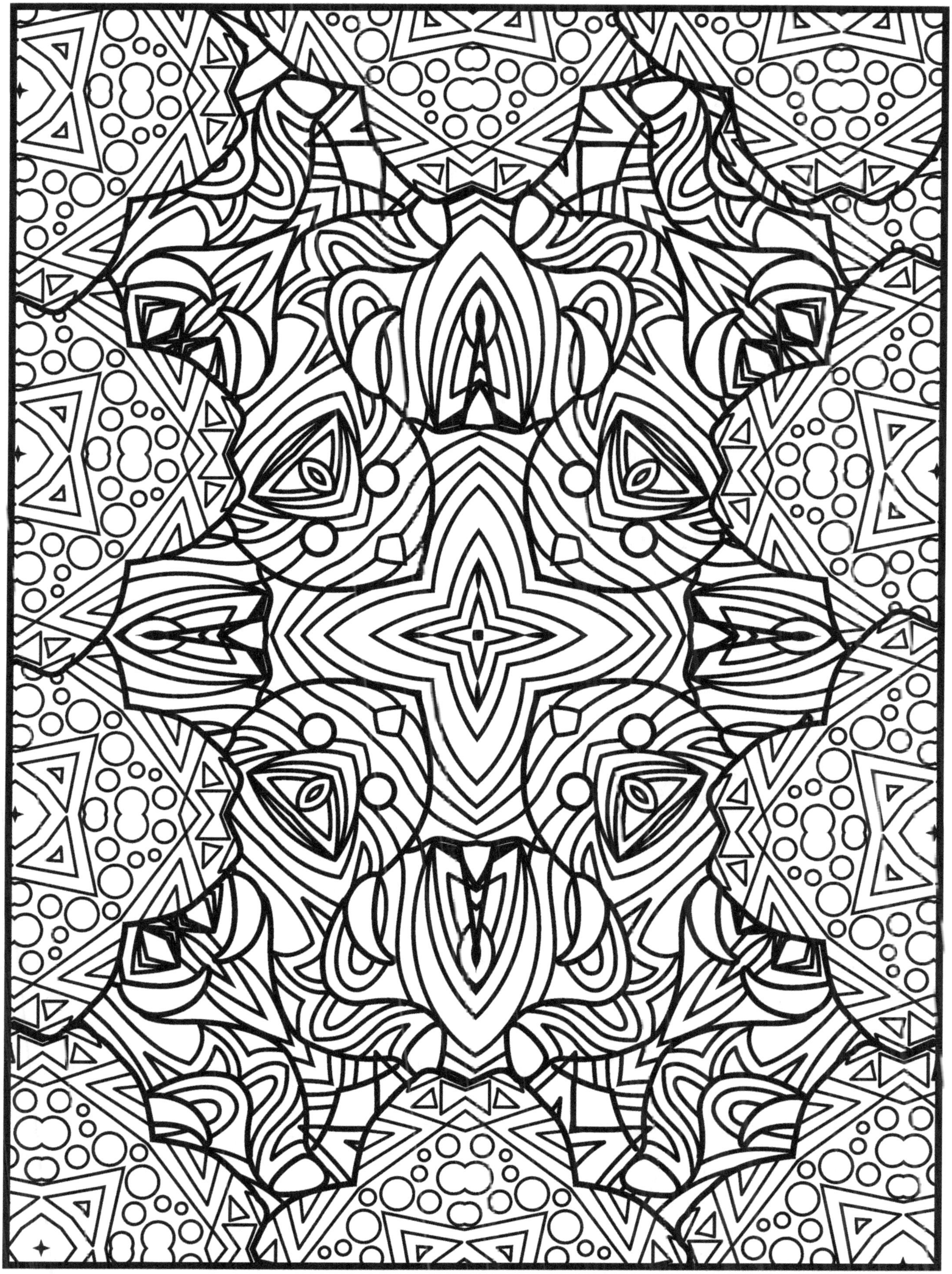

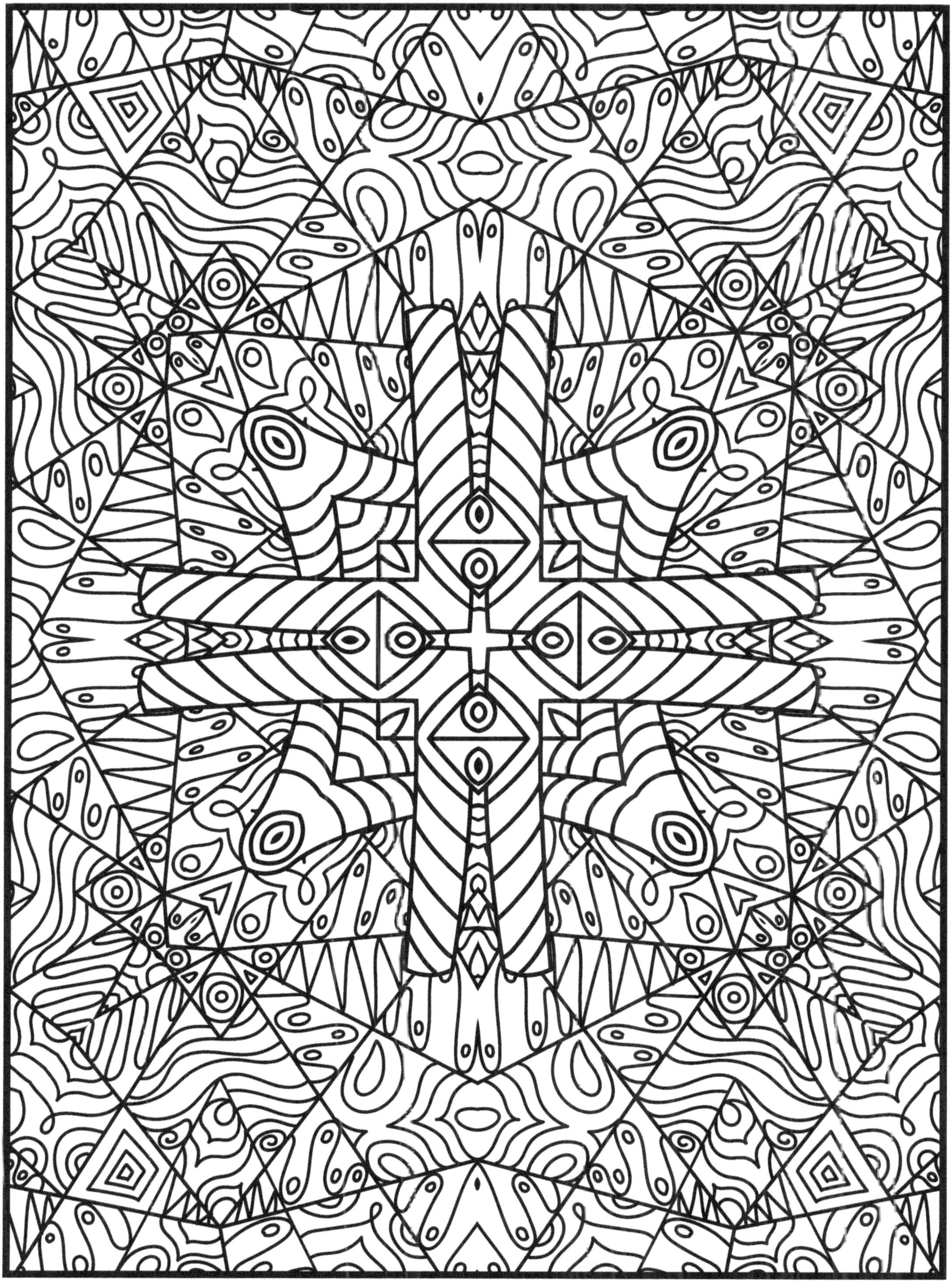

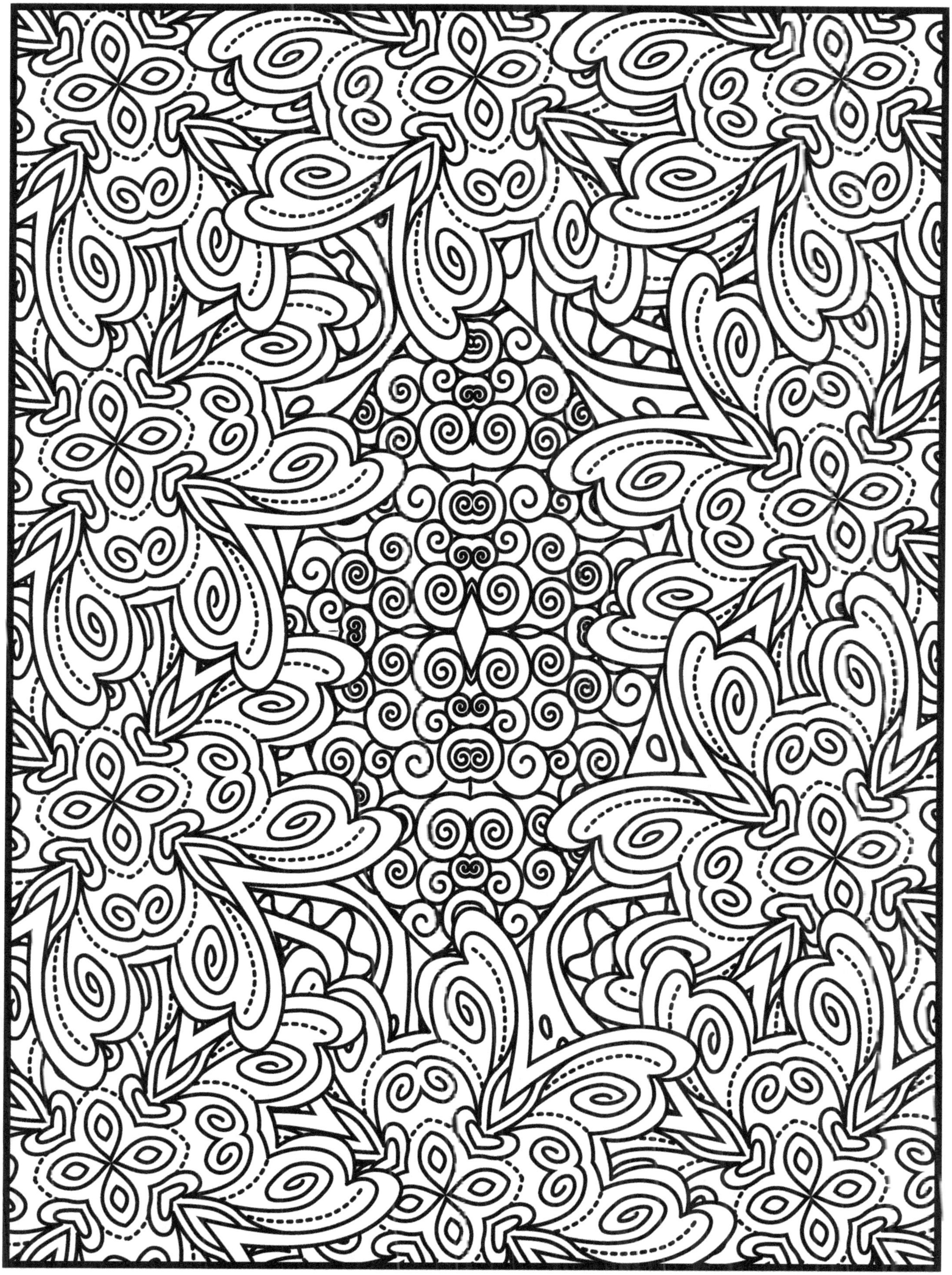

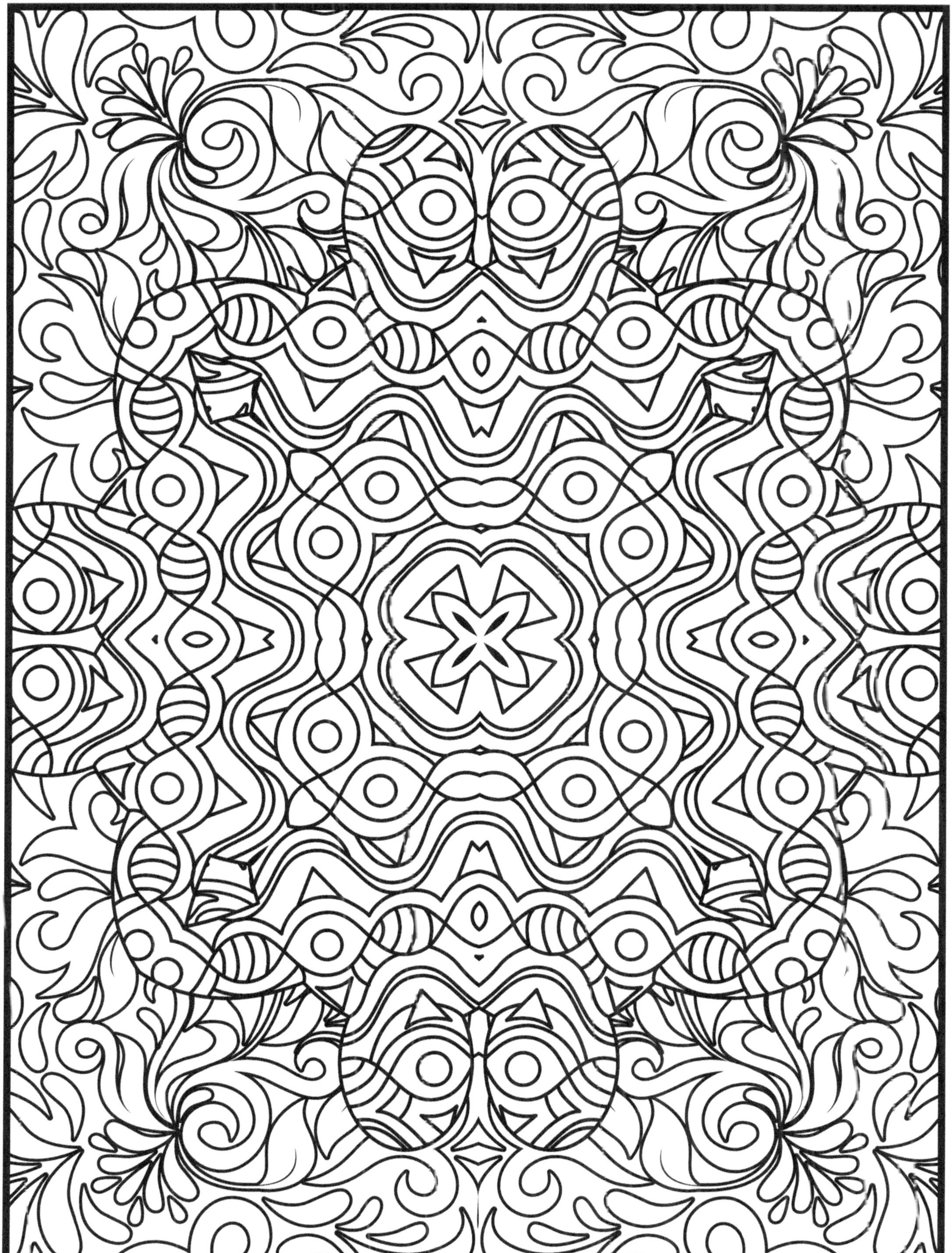

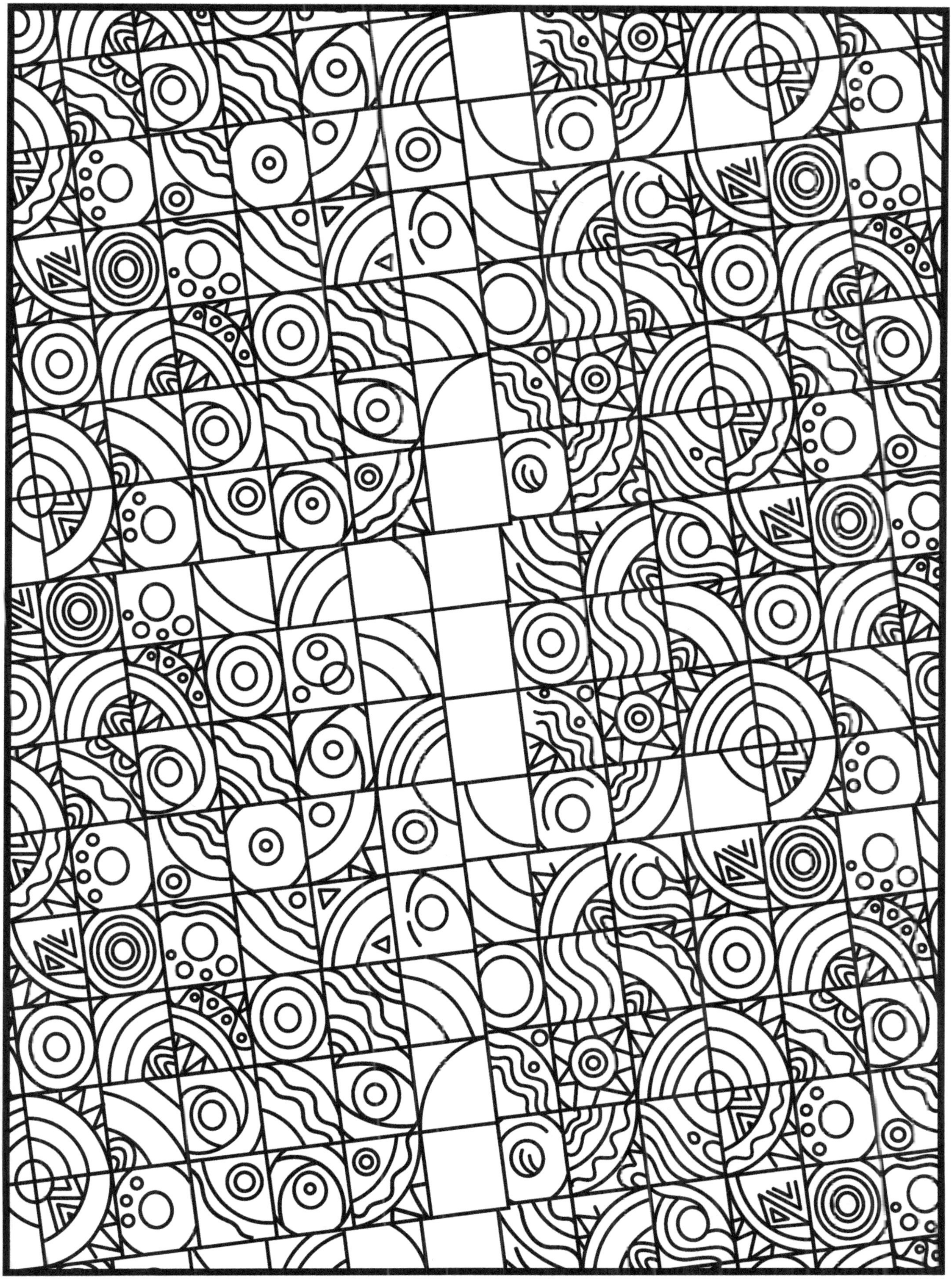

www.ingramcontent.com/pod-product-compliance
Lightning Source LLC
Chambersburg PA
CBHW081556280526
45788CB00011B/3485
* 9 7 8 1 5 3 0 9 6 6 1 7 2 *